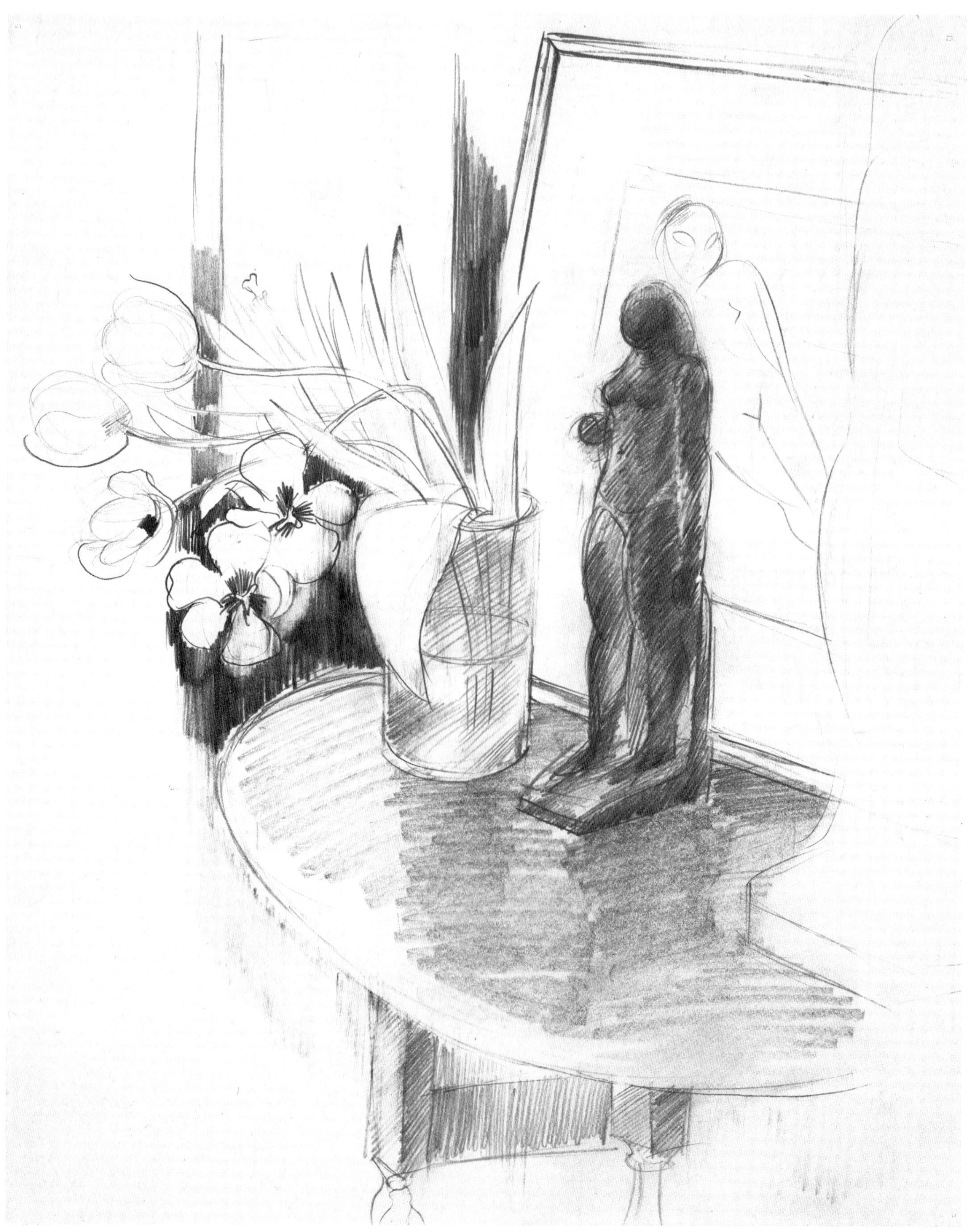

Anna Keel

Zeichnungen

Diogenes

Ein Teil der Originale der in diesem Katalog
versammelten Zeichnungen sind in der Einzelausstellung
›Zeichnungen, Bilder und Plastiken‹
vom 3. März bis 15. April 1983
in der Galerie Roswitha Haftmann, Zürich,
zu sehen.
Erstveröffentlichung mit freundlicher Erlaubnis
der Galerie Daniel Keel, Zürich.
Auswahl und Layout: Christian Strich.

Für Dani und Ruedi

Originalausgabe

*»Trotzdem zwinge ich mich, optimistisch zu sein.
Sonst würde ich gar nichts mehr machen.
Ich glaube, daß man in dieser barbarischen Zeit
sich selber sehr treu sein muß und Zeuge sein
dieser Dekadenz – da sein und versuchen,
das zu sagen, was man sagen kann in den
Grenzen seiner Erziehung, seiner Generation.«*

Federico Fellini
Interview in *L'Humanité*,
19.4.1982

*»Große Zeit ist immer nur, wenn's beinah schief
geht, wenn man jeden Augenblick fürchten muß:
jetzt ist alles vorbei.«*

Theodor Fontane

Umschlag Fabienne, schlafend, nackt
Bleistift, 24 x 31 cm, 1982

Frontispiz Stilleben mit Tulpen, Steinfigur und Kirchner-Zeichnung
Bleistift, 27 x 22 cm, 1981

Seite 9 Fabienne mit Pelzjacke und Federhütchen
Bleistift, 46 x 32 cm, Januar 1982

10 Stilleben mit Stuhl und Zeichnung von Stilleben
Bleistift, 32 x 20 cm, 1982

11 Gipsy mit Hut, Halbprofil
Bleistift, 66 x 51 cm, 1979

12 Gipsy, schwanger
Bleistift, 33 x 27 cm, 1978

13 Stilleben mit Apfel, Blumentopf und Milchkännchen
Bleistift, 27 x 21 cm, 1979

14 Gipsy mit Hut und Arafat-Schal
Bleistift, 46 x 32 cm, Januar 1981

15 Gipsy mit Hut von vorn
Bleistift, 30 x 23 cm, 1980

16 Der Schauspieler Jean Schlegel, schlafend
Bleistift, 32 x 46 cm, 2. Juli 1982

17 Barbara Schneider im Profil mit Hut und Pelzmantel
Bleistift, 66 x 51 cm, 1979

18 Stilleben mit Pflanze in zerbrochenem Topf
Bleistift, 19 x 15 cm, 1979

19 Peter Dietrich mit Jeansjacke
Bleistift, 46 x 32 cm, 1979

20 Der Schauspieler Kurt Beck und seine Tochter Miriam
Bleistift, 27 x 21 cm, Februar 1980

21 Köbi und Philipp
Bleistift, 66 x 51 cm, 1977

22 Stilleben mit Orchidee
Bleistift, 21 x 17 cm, 1980

23 Max Lenz, wie ich ihn im ›Pantera‹ getroffen habe
Bleistift, 33 x 27 cm, 1979

24 Hans Soller
Bleistift und Kohle, 34 x 29 cm, Januar 1982

25 Oliver Wolfensberger mit Smokinghemd, getüpfelter
Krawatte und weißem Schal
Bleistift, 34 x 24 cm, Juni 1982

26 Liz Burri mit Pelzmantel und Zigarette
Bleistift, 46 x 32 cm, 1981

27 Liz mit Pelzmantel, übernächtigt
Bleistift, 66 x 51 cm, 1981

28 Fiorella, Kellnerin im Hotel Waldhaus, Sils
Bleistift, 33 x 27 cm, 1979

29 Erich Gasser, schlafend, Kopfstudie
Bleistift, 46 x 32 cm, 1979

30 Erich Gasser mit verschränkten Armen
Bleistift, 46 x 32 cm, 1979

31 Elvira Lieberherr, Coiffeurlehrtochter, und Daniel Gmür,
Kochlehrling im Hotel Savoy
Bleistift, 66 x 51 cm, 1980

32 Die Schauspielerin Brigitte Karner mit blonder Perücke
und Häubchen, in ihrer Rolle als Hausmädchen Anna in
›Biedermann und die Brandstifter‹ von Max Frisch
Bleistift, 66 x 51 cm, 1981

33 Fabienne
Bleistift, 65 x 51 cm, 1979

34 Jeanette mit Kaffeetasse und Pelzmantel
Bleistift, 46 x 32 cm, Januar 1982

35 Kellner, Hotel Parknasilla, Irland
Bleistift, 46 x 32 cm, Mai 1977

36 Barbara Kaufmann mit schwarzem Hütchen und
aufgestütztem Arm
Bleistift, 46 x 32 cm, 1979

37 Karin Hasler mit Taika
Bleistift, 66 x 51 cm, 1981

38 Fabienne mit Chignon, schlafend
Bleistift, 24 x 31 cm, 1980

39 Fabienne, schlafend, nackt, mit aufgestütztem Arm
Bleistift, 24 x 31 cm, 1981

40 Fabienne, schlafend auf schwarzem Tuch
Bleistift, 32 x 46 cm, März 1981

41 Fabienne mit Federhütchen. Kopfstudie
Bleistift, 27 x 22 cm, 1981

42 Stilleben mit Flieder, Steinfigur und Kirchner-Zeichnung
Bleistift, 20 x 16 cm, 1981

43 Simone Meierhofer mit ihrem Hund Joyce
Bleistift, 66 x 51 cm, Mai 1982

44 Carmelina Ferrari in Trauer
Bleistift, 27 x 22 cm, 1981

45 Landschaft bei Toggwil
Bleistift, 29 x 34 cm, 1980

46 Zwei Birnen auf Jugendstil-Tischchen
Bleistift, 19 x 15 cm, 1982

47 Stilleben mit Bronze-Kopf von Carmelina, Kaffeetasse
und Glas
Bleistift, 27 x 22 cm, 1982

48 Marmortisch mit Peperoni, Apfel, Zitrone und Nelke
Bleistift, 32 x 25 cm, 1981

49 Zigeunerin aus Barcelona, liegend, nackt, mit aufgestütztem Arm
Bleistift, 27 x 33 cm, 1980

50 Florence Tobler, schlafend
Bleistift, 46 x 32 cm, Januar 1982

51 Stilleben mit kleiner Pflanze
Bleistift, 21 x 27 cm, April 1979

52 Mireille mit Mieder aus ›Tom men's shop‹
Bleistift, 46 x 32 cm, November 1981

53 Erich Gasser, schlafend, mit Ledermantel
Bleistift, 33 x 27 cm, 1979

54 Karin Neuss mit Wollmütze und Zopf
Bleistift, 66 x 51 cm, 1981

55 Karin Neuss mit schwarzem Hütchen, im Profil
Bleistift, 66 x 52 cm, 1981

56 Veronique Hogg, stehend
Bleistift, 66 x 51 cm, 1979

57 Veronique mit Armee-Mütze, Halbprofil
Bleistift, 27 x 22 cm, 1979

58 Edward Gorey, Barnstable, USA
Bleistiftskizze, 19 x 15 cm, 1977

59 Ruth Dürrenmatt
Bleistift, 46 x 32 cm, 1981

60 Tischchen mit Glas und Stiefmütterchen
Bleistift, 32 x 20 cm, 1982

61 Andy Jllien von ›Andy Jllien's shoes‹
Bleistift, 66 x 51 cm, Januar 1982

62 Irina Woinowitsch und ihre Tochter Olga
Bleistift, 66 x 51 cm, Dezember 1981

63 Mark Wißkirchen, Koch im Hotel St.Gotthard, Zürich
Bleistift, 66 x 51 cm, 1981

64 Jeanette mit Hut und Kaffeetasse
Bleistift, 31 x 24 cm, Oktober 1981

65 Max Roder
Bleistift, 27 x 22 cm, Mai 1982

66 Schlafender Neger in New York, Grand Central Station
Bleistift, 27 x 19 cm, Oktober 1979

67 Verena Huber und ihre Tochter Nicole
Bleistift, 66 x 51 cm, 1979

68 Christian von Castelberg mit Schal
Bleistift, 46 x 32 cm, März 1982

69 Christian von Castelberg mit Zigarette
Bleistift, 66 x 51 cm, 1981

70 Adrian Teuscher, mit Smoking,
wie ich ihn am Presseball getroffen habe
Bleistift, 66 x 51 cm, November 1982

71 Barbara Schneider mit Momo und ihrem
Mops Jessy
Bleistift, 66 x 51 cm, September 1982

72 Max Kehl vom Restaurant ›Chez Max‹, Zollikon
Bleistift, 46 x 32 cm, 1982

73 Maya Scheuner
Bleistift, 66 x 51 cm, September 1982

74 Liz am Samstagmorgen, mit Lederstulpe von ›Bellezza‹
Bleistift, 46 x 32 cm, Dezember 1982

75 Fabienne mit Pelzjacke und Tasse
Bleistift und Kohle, 46 x 32 cm, 1982

76 Fabienne mit Pelzjacke und Zigarette
Kohle und Bleistift, 42 x 29 cm, Oktober 1982

77 Fabienne mit Zigarette und Kämmchen
Bleistift, 46 x 32 cm, Oktober 1982

78 Schale mit Birnen
Bleistift, 19 x 15 cm, 1982

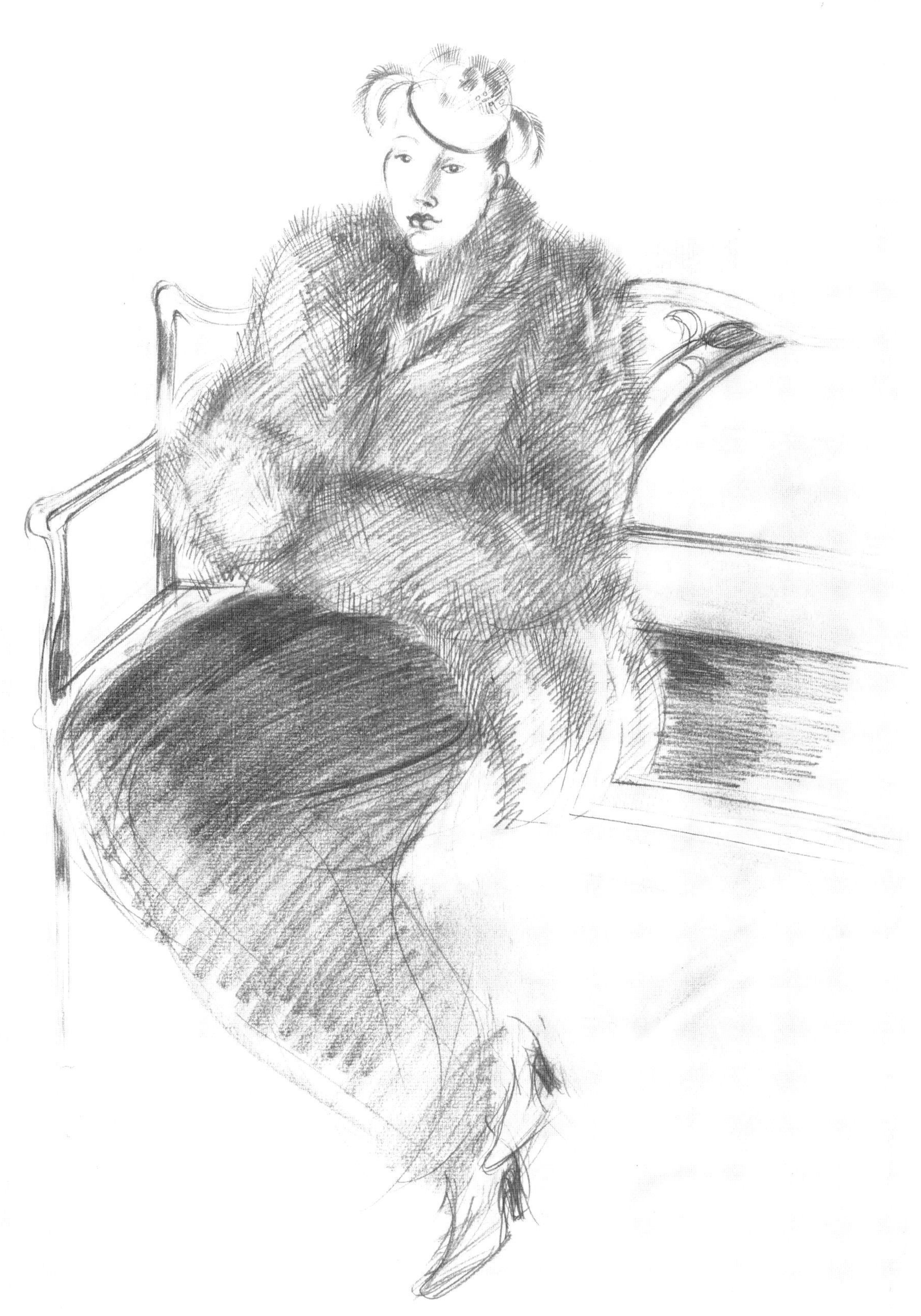

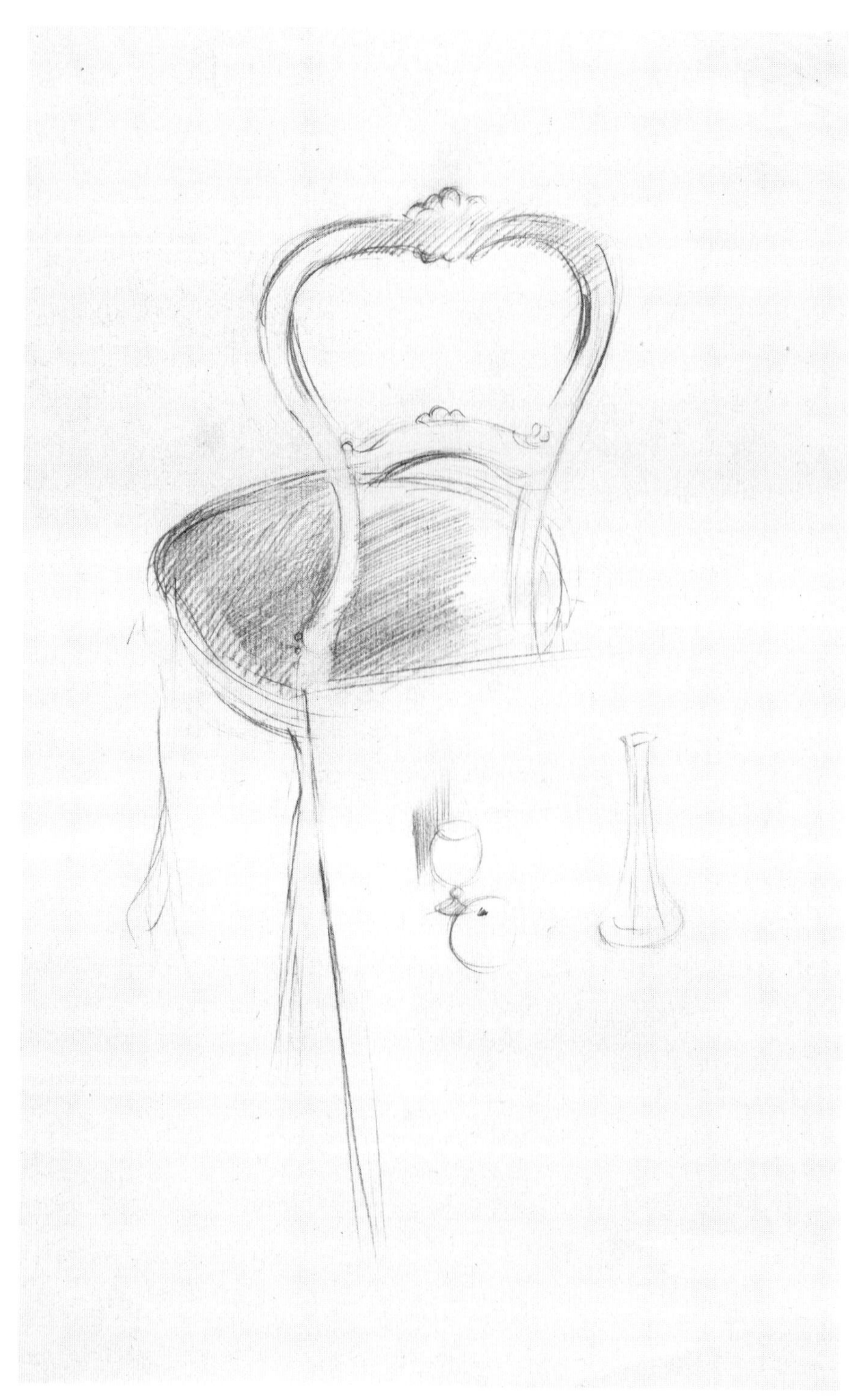

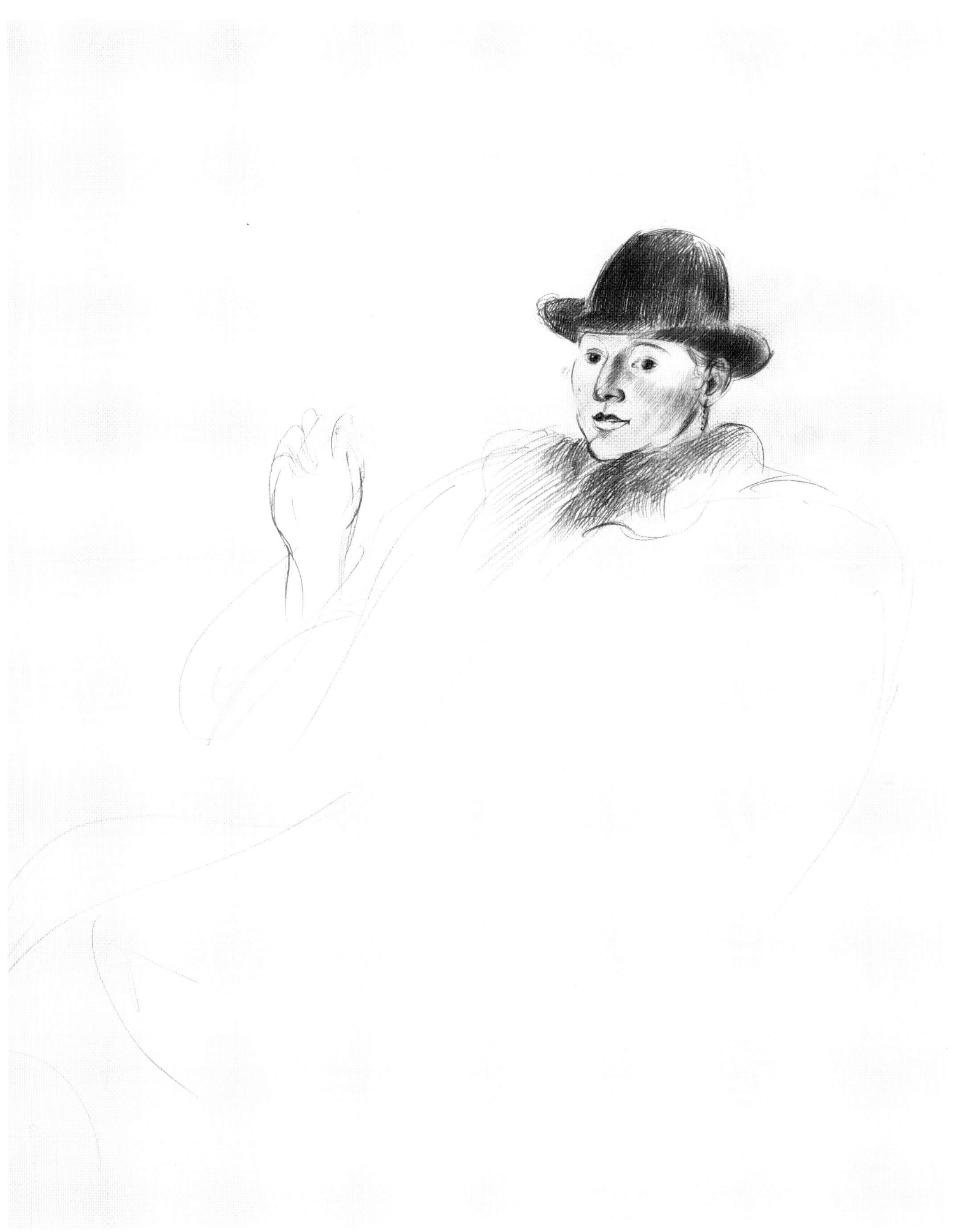

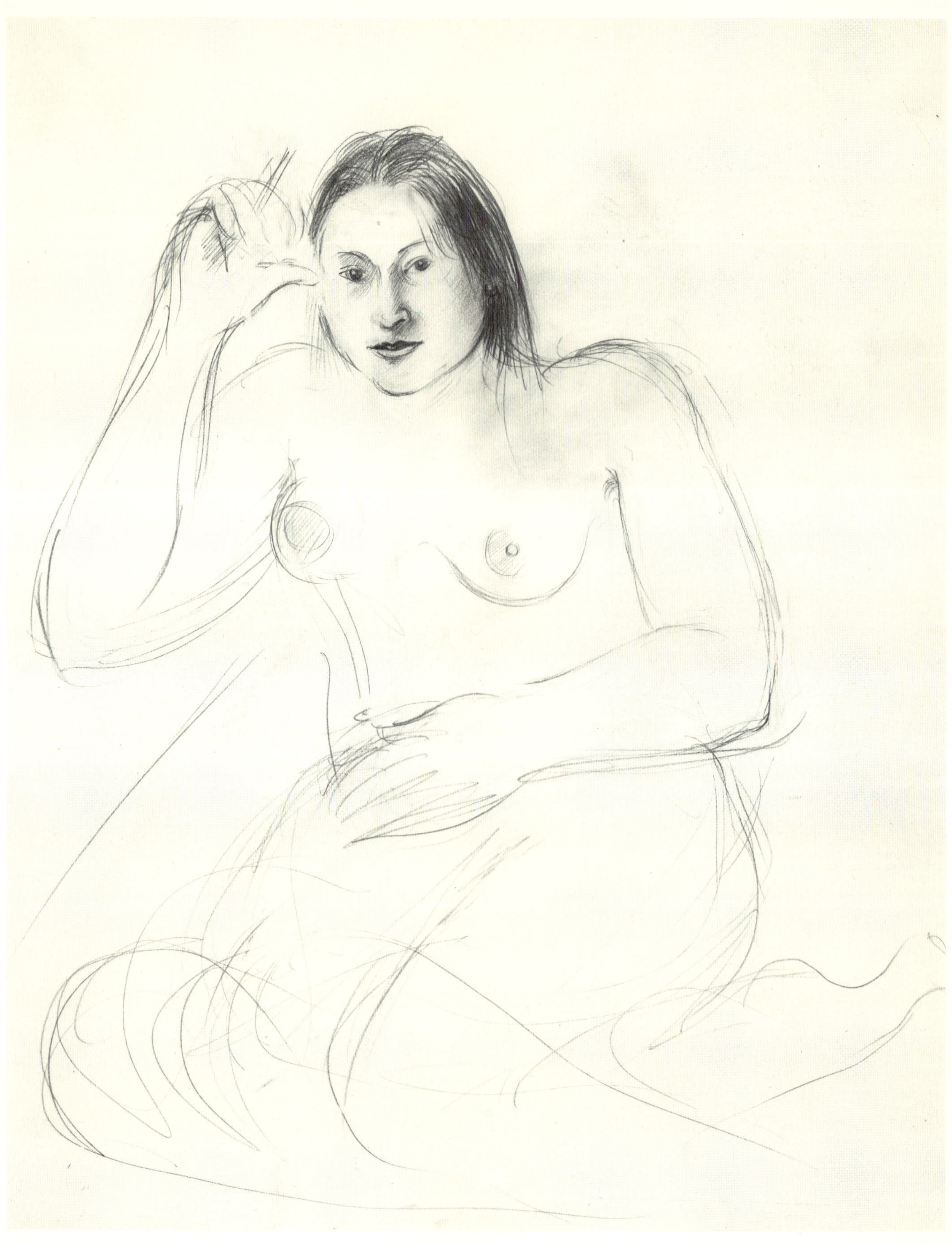

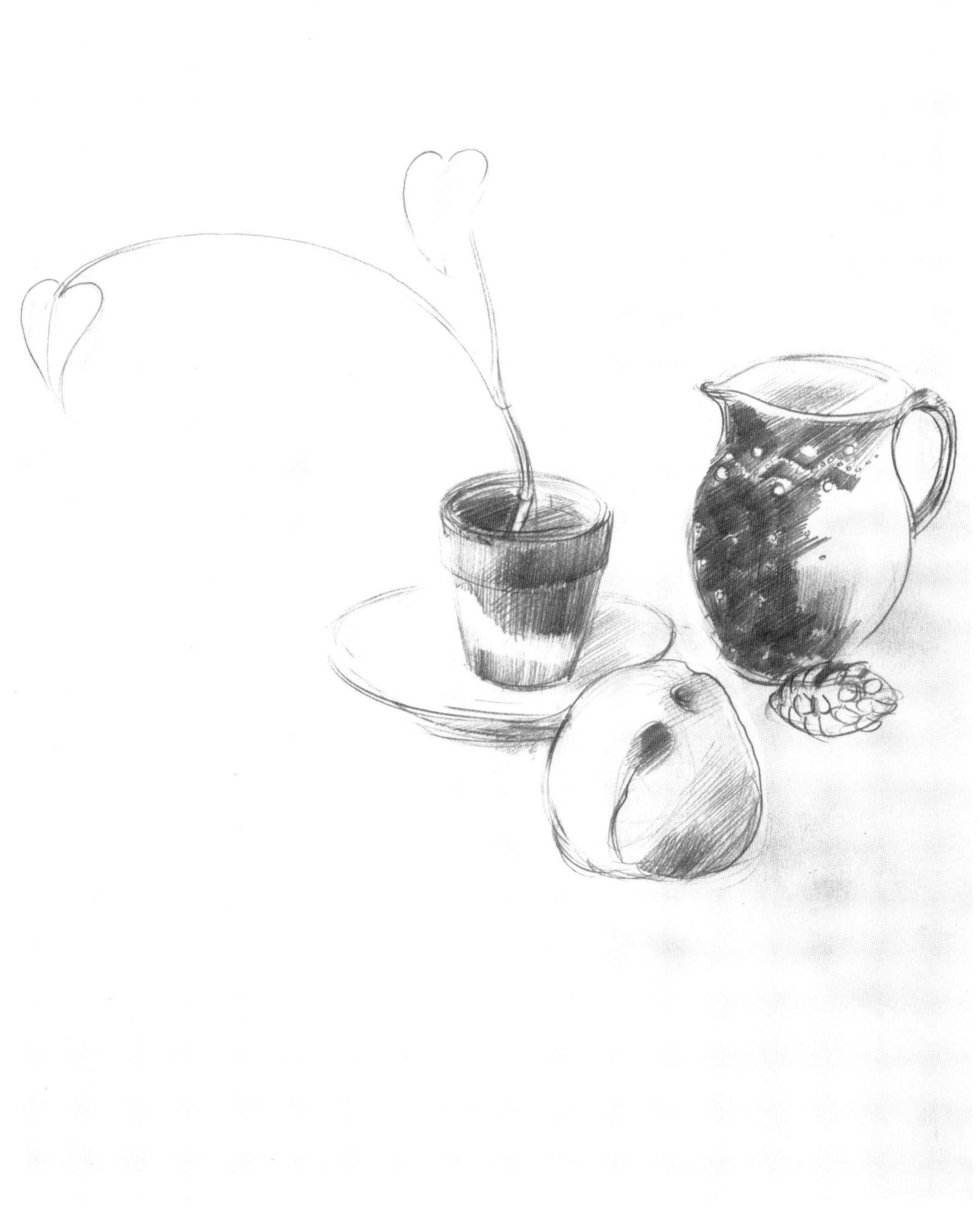

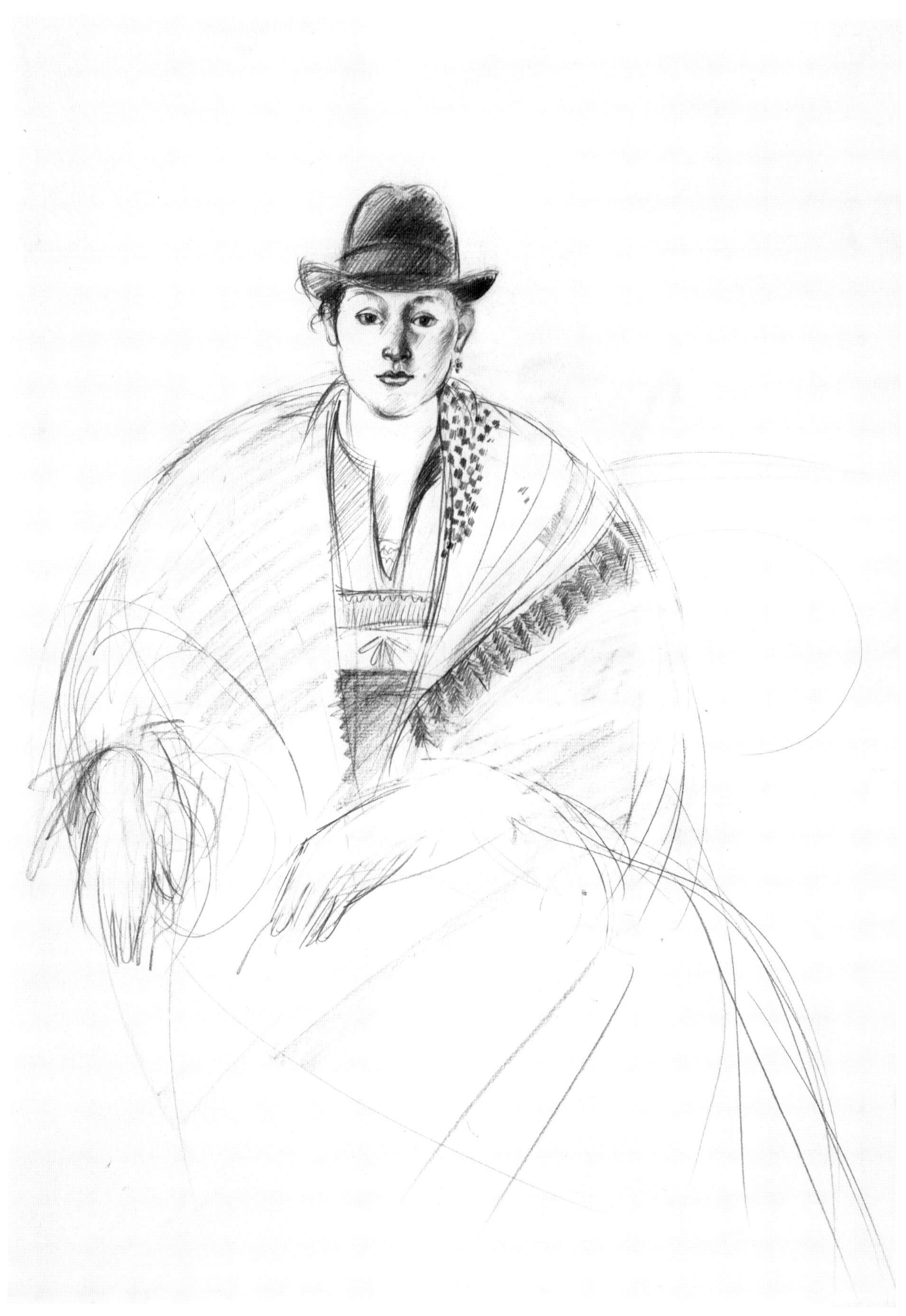

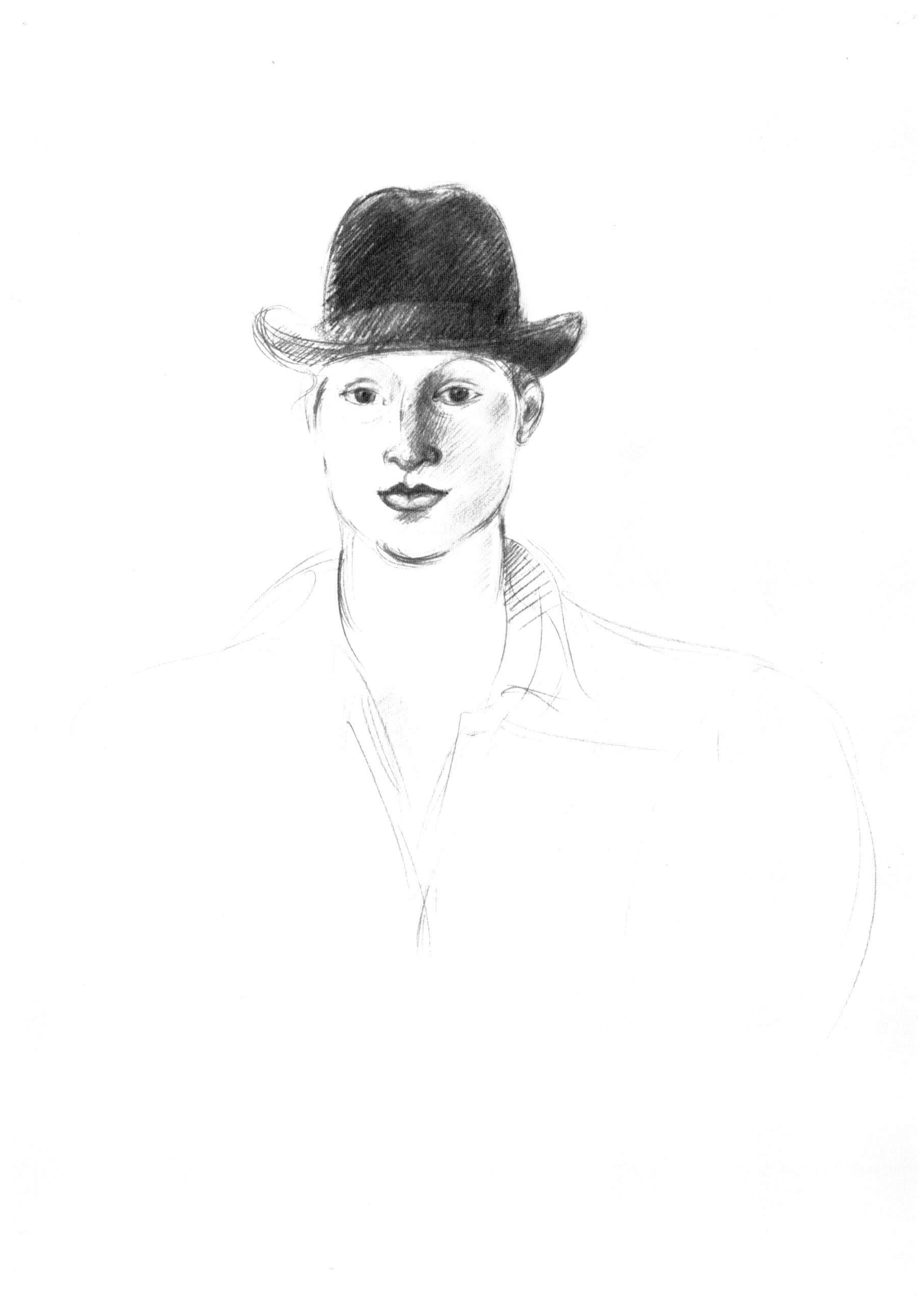

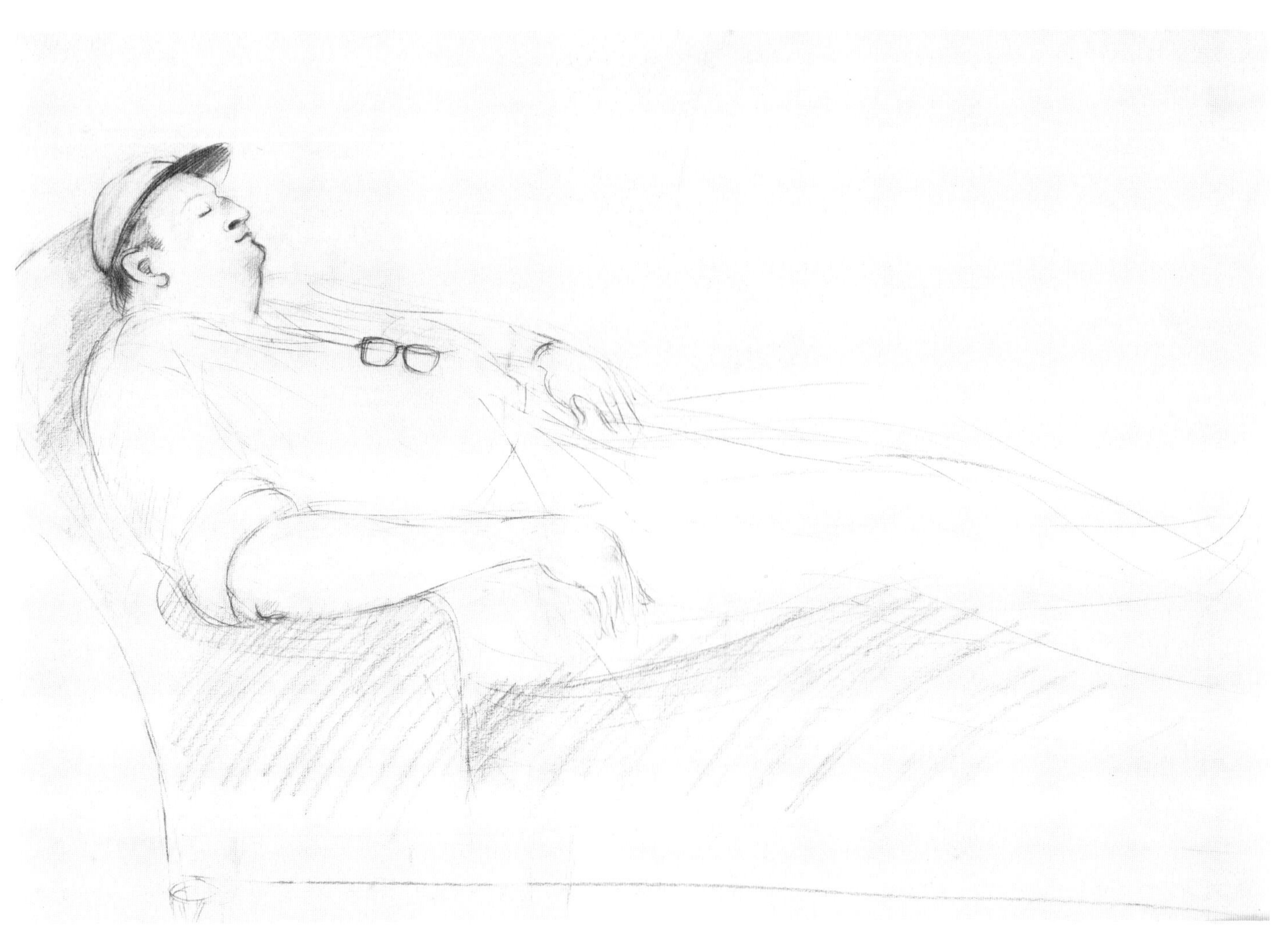

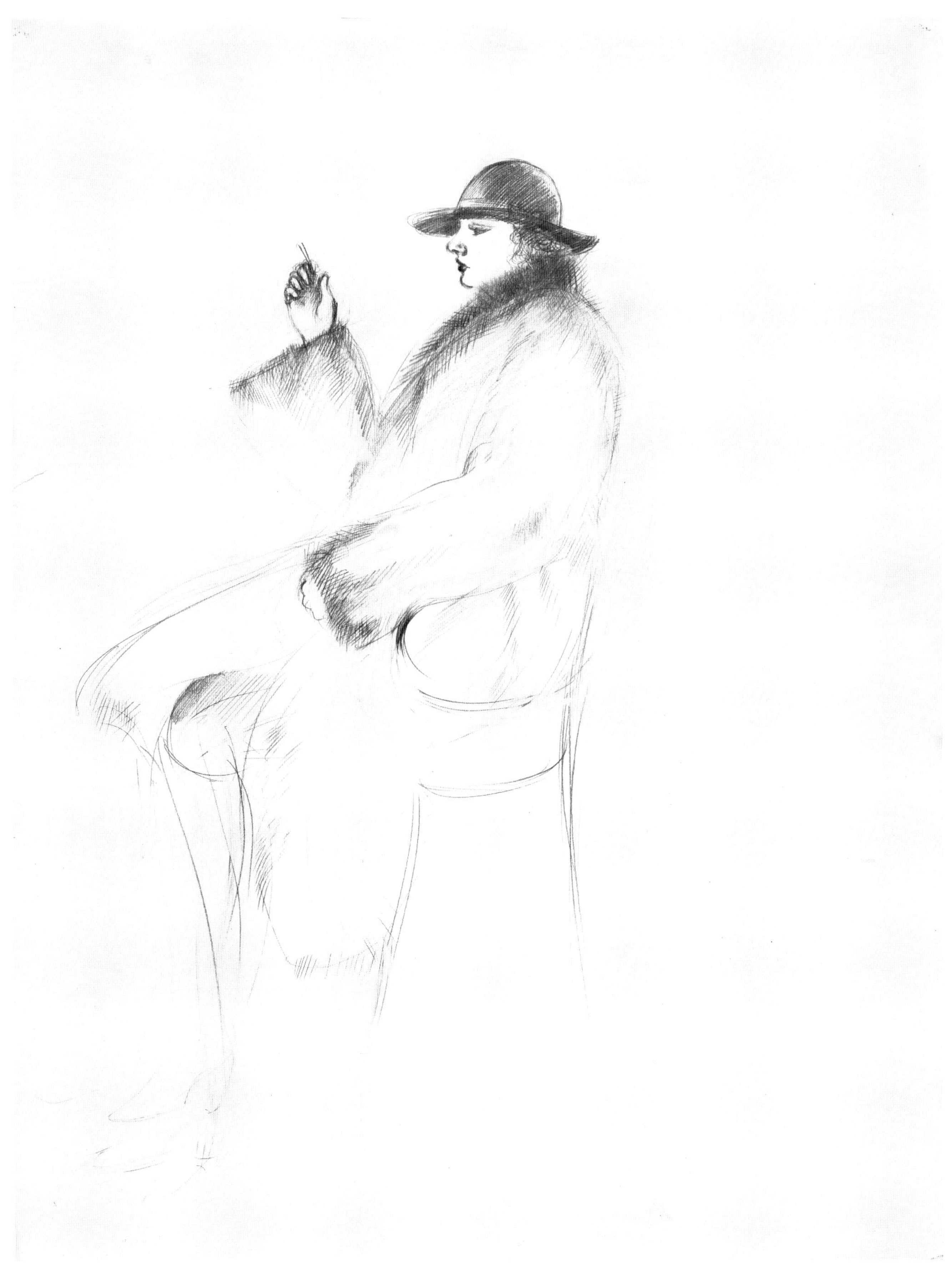

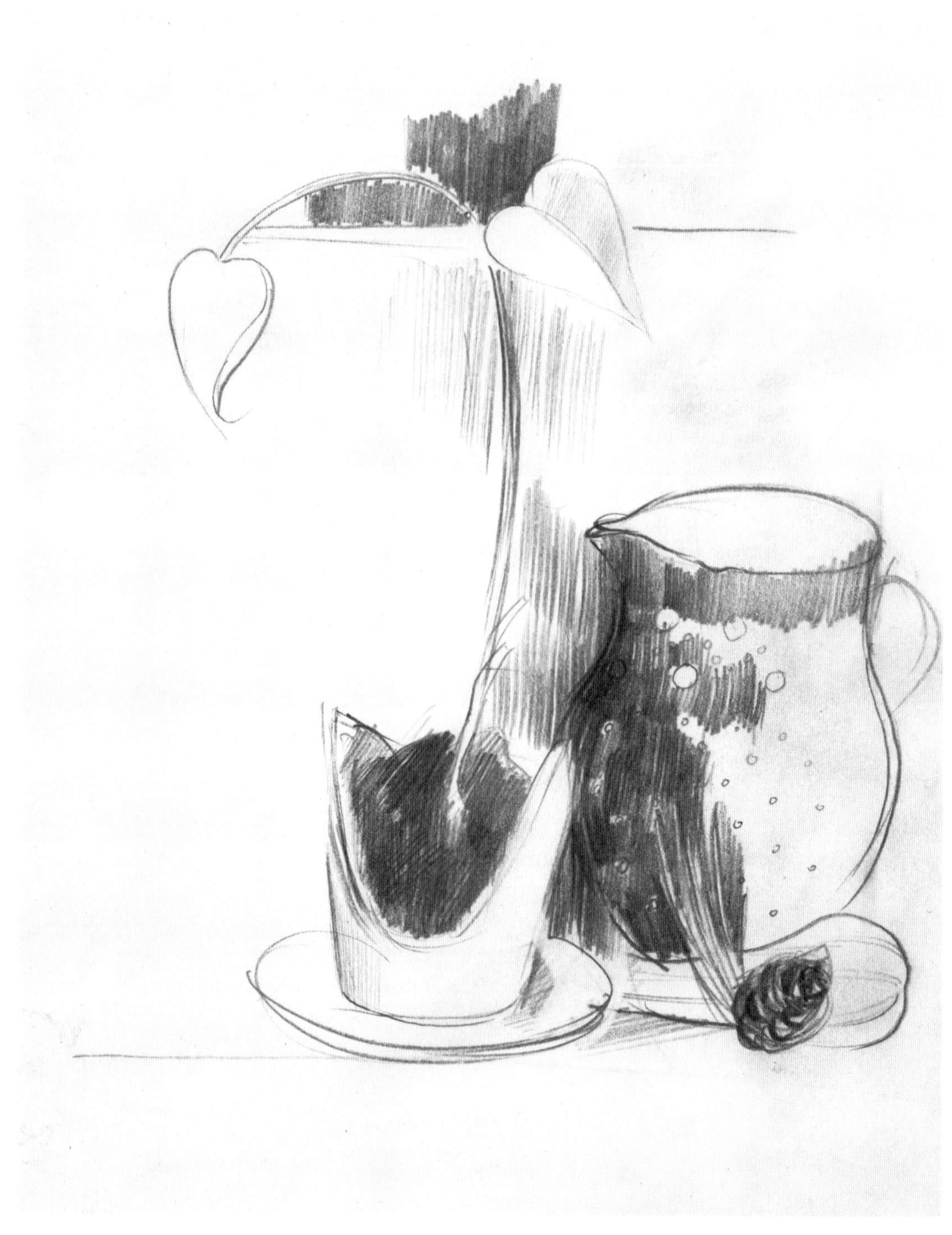

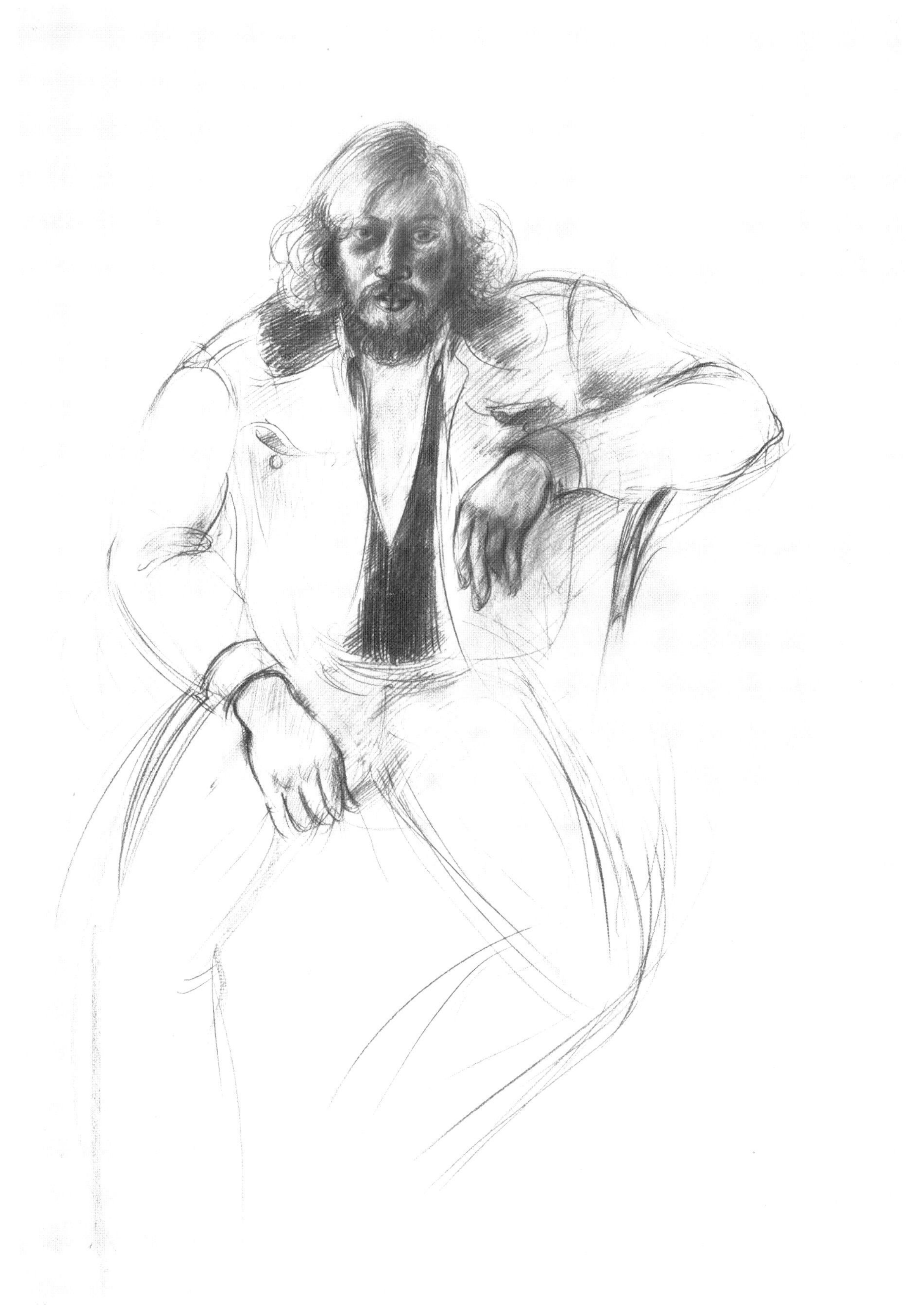

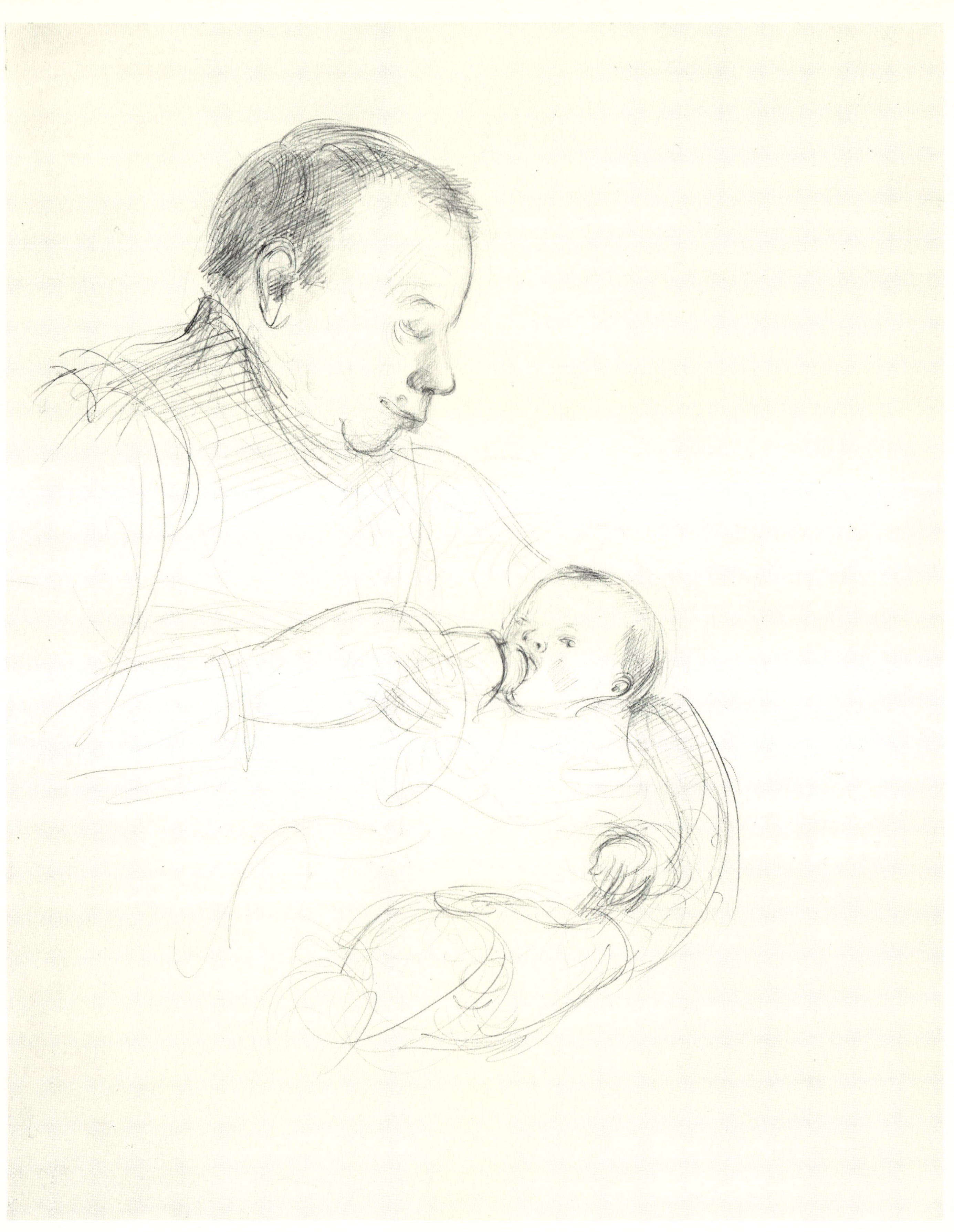

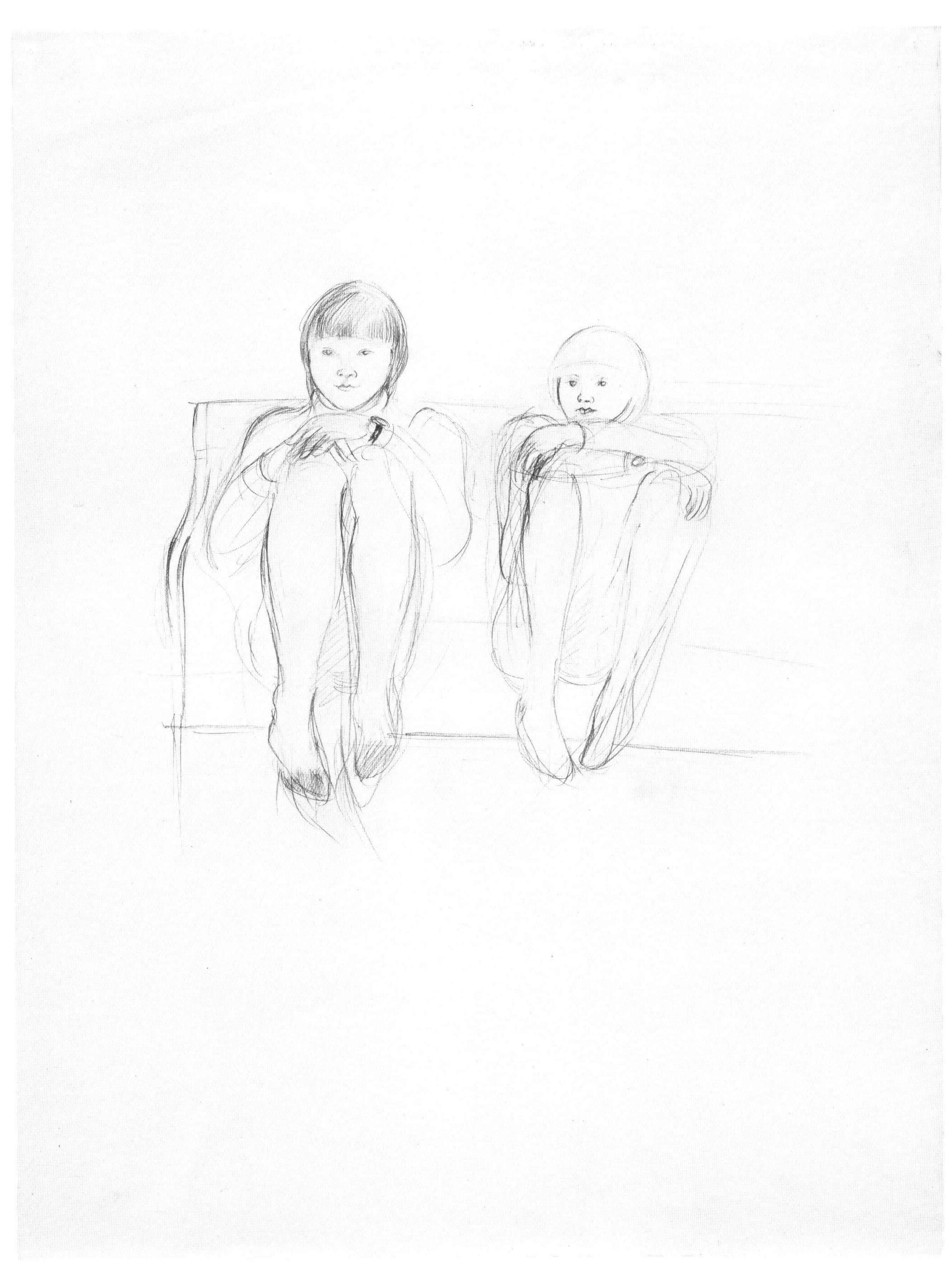

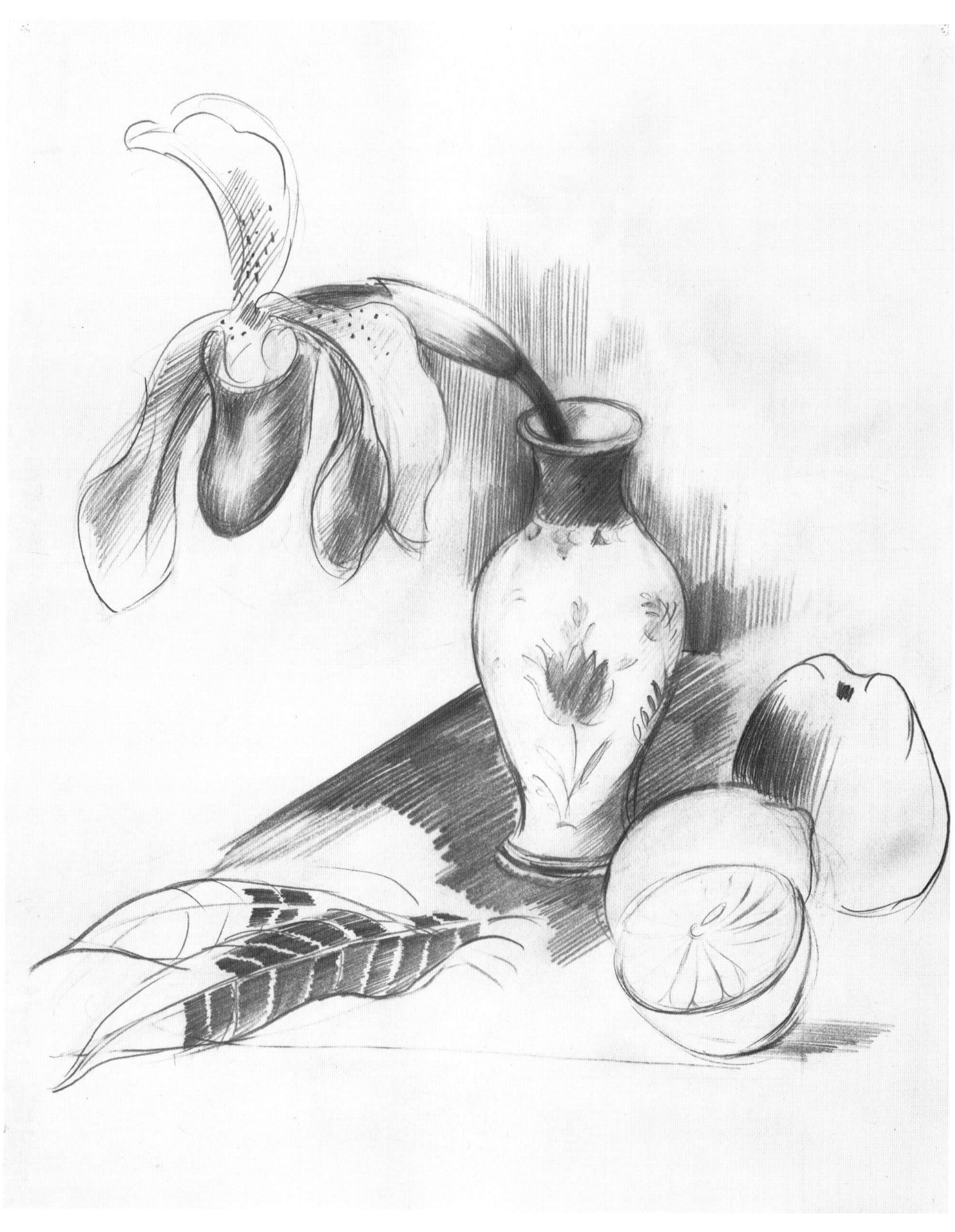

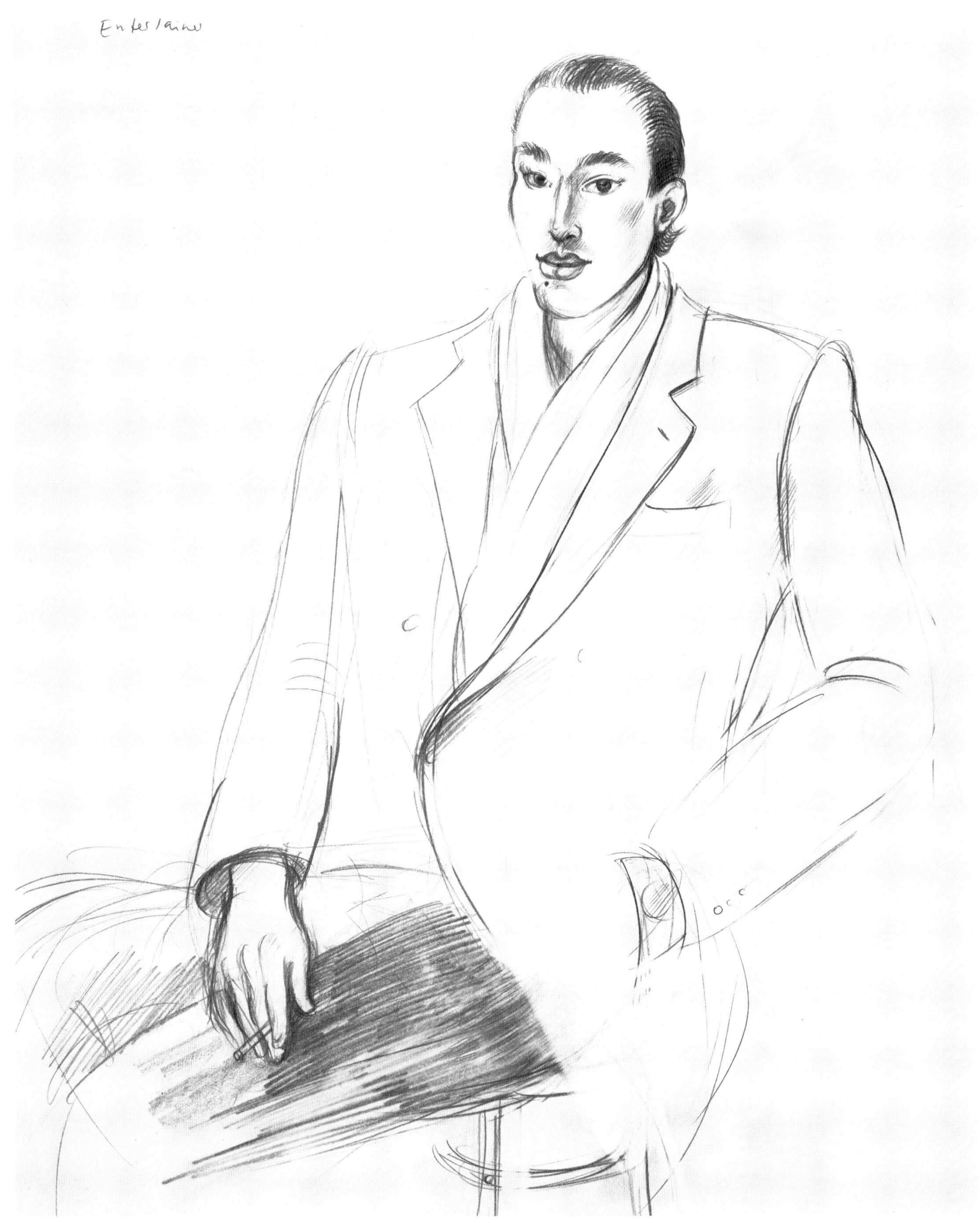

Entertainer

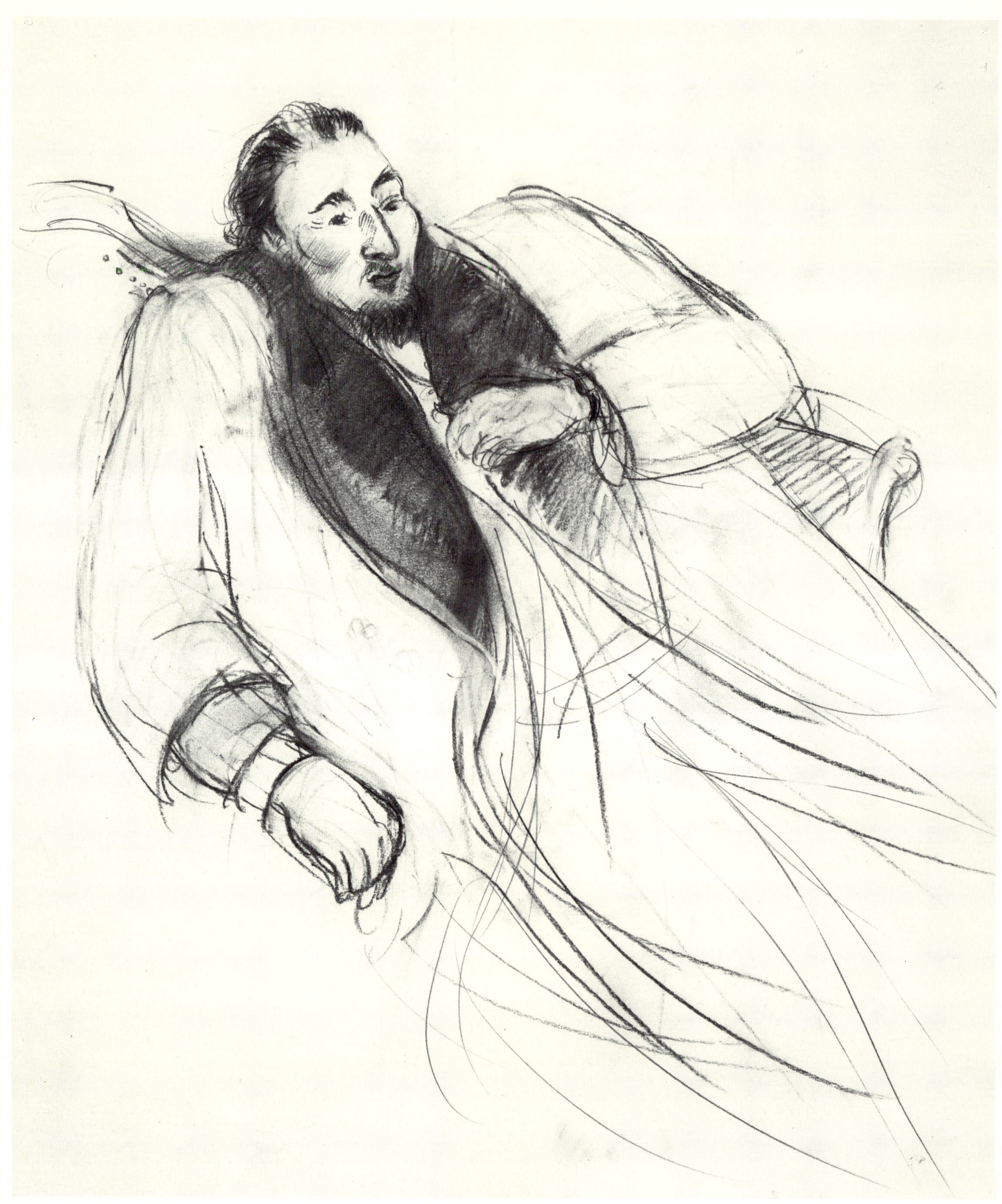

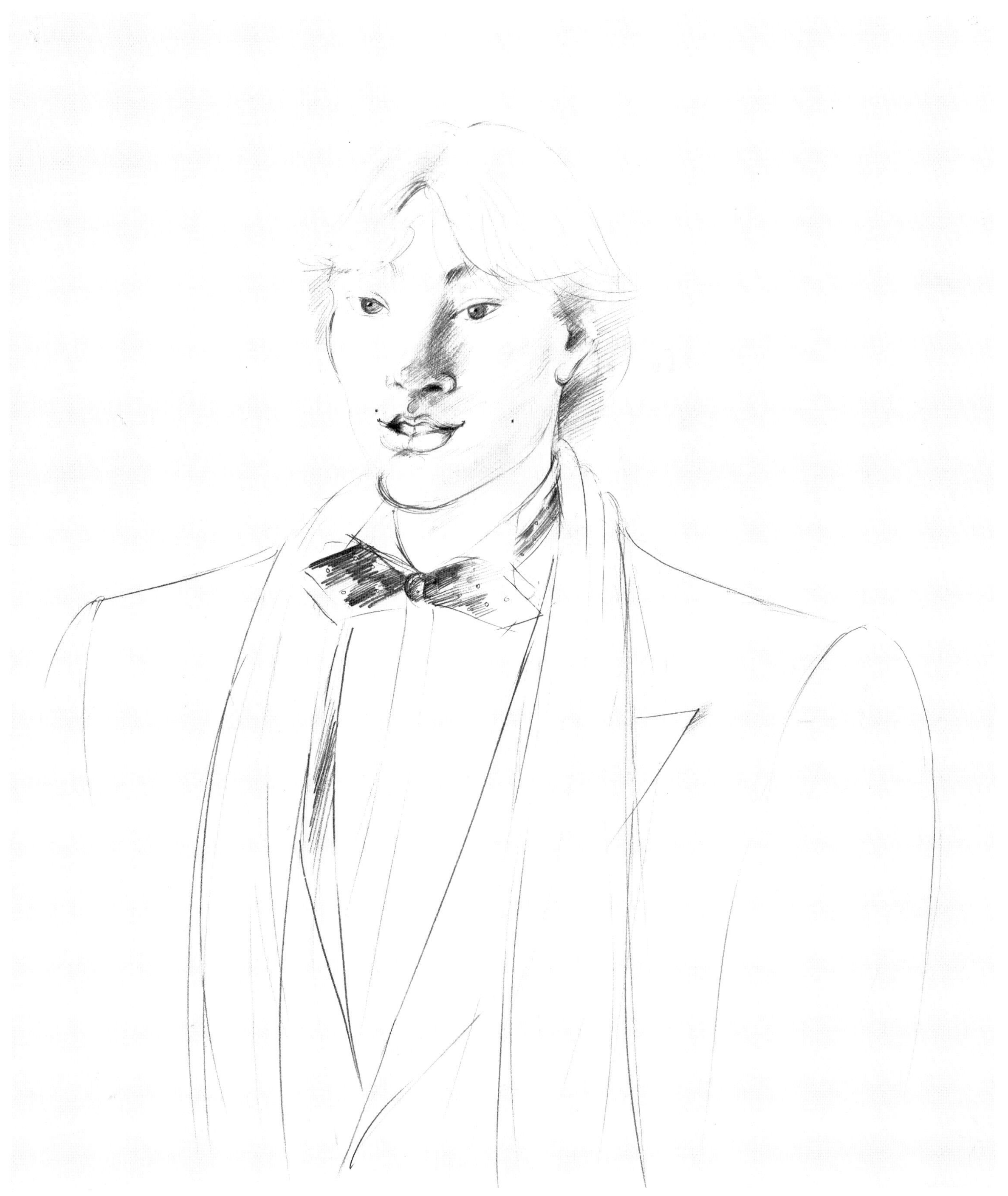

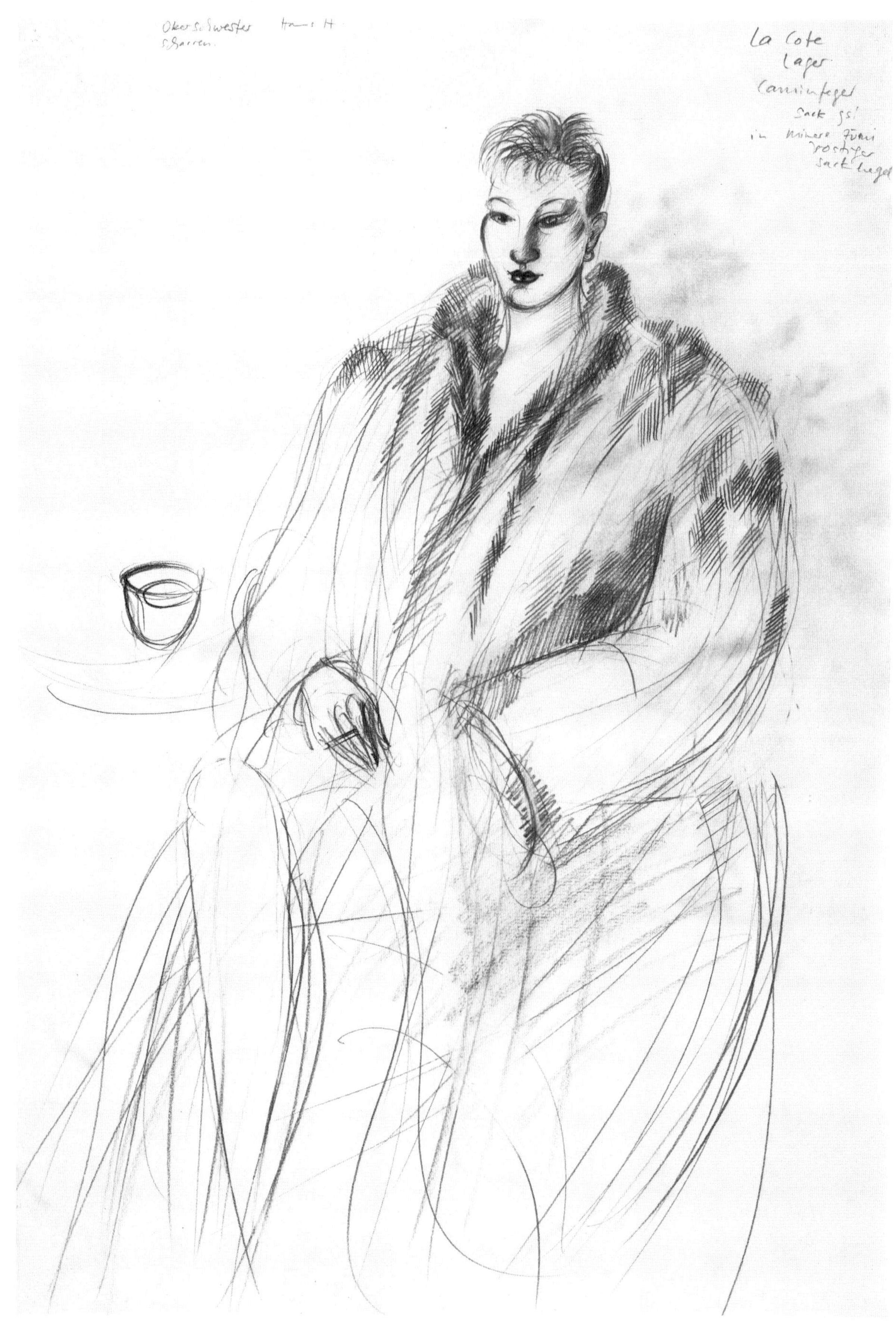
Okerschwester Hans H
scharren.
La Cote
Lager
Caminfeger
Sack ss!
in meinere Wani
vostige
Sack lager

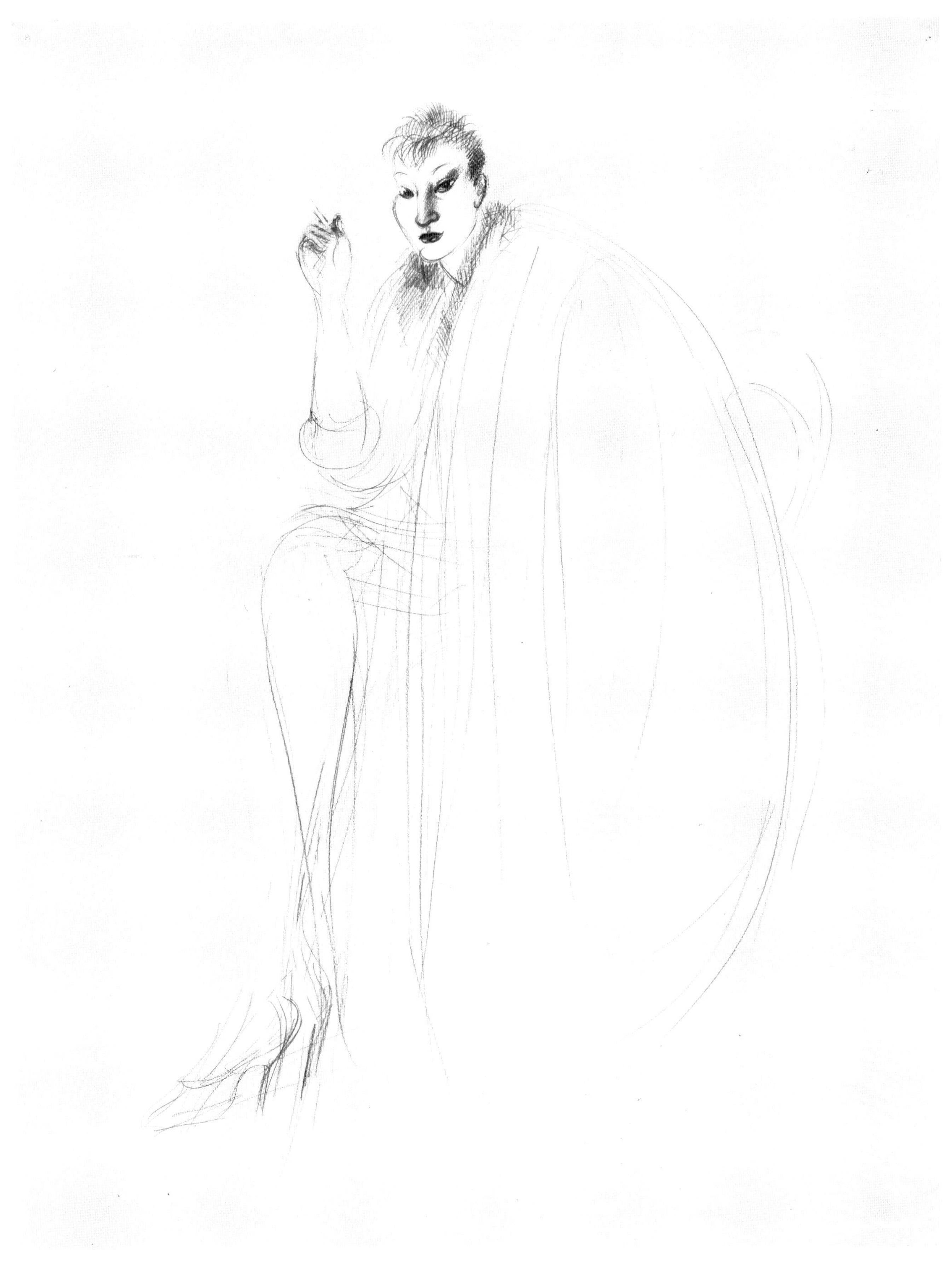

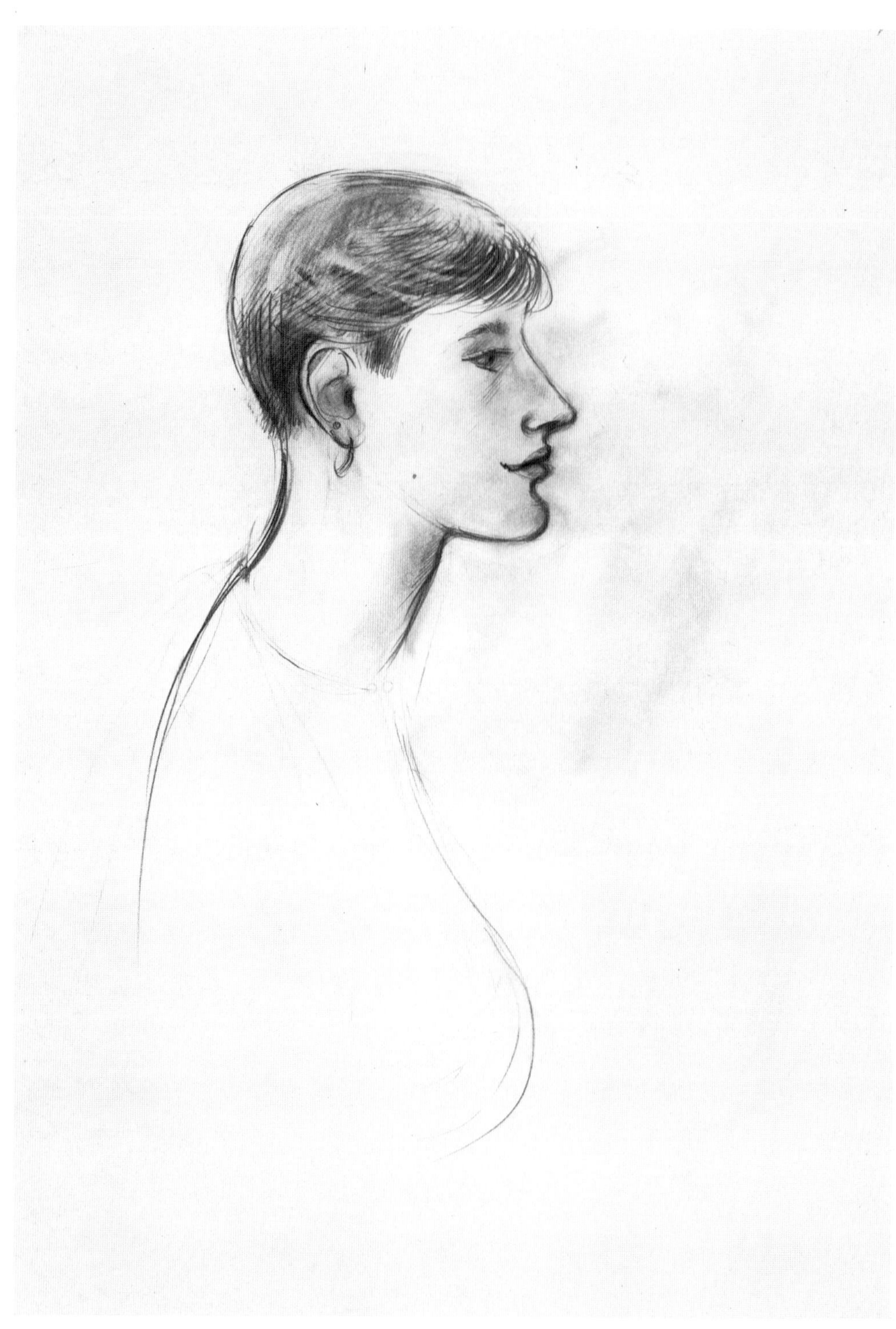

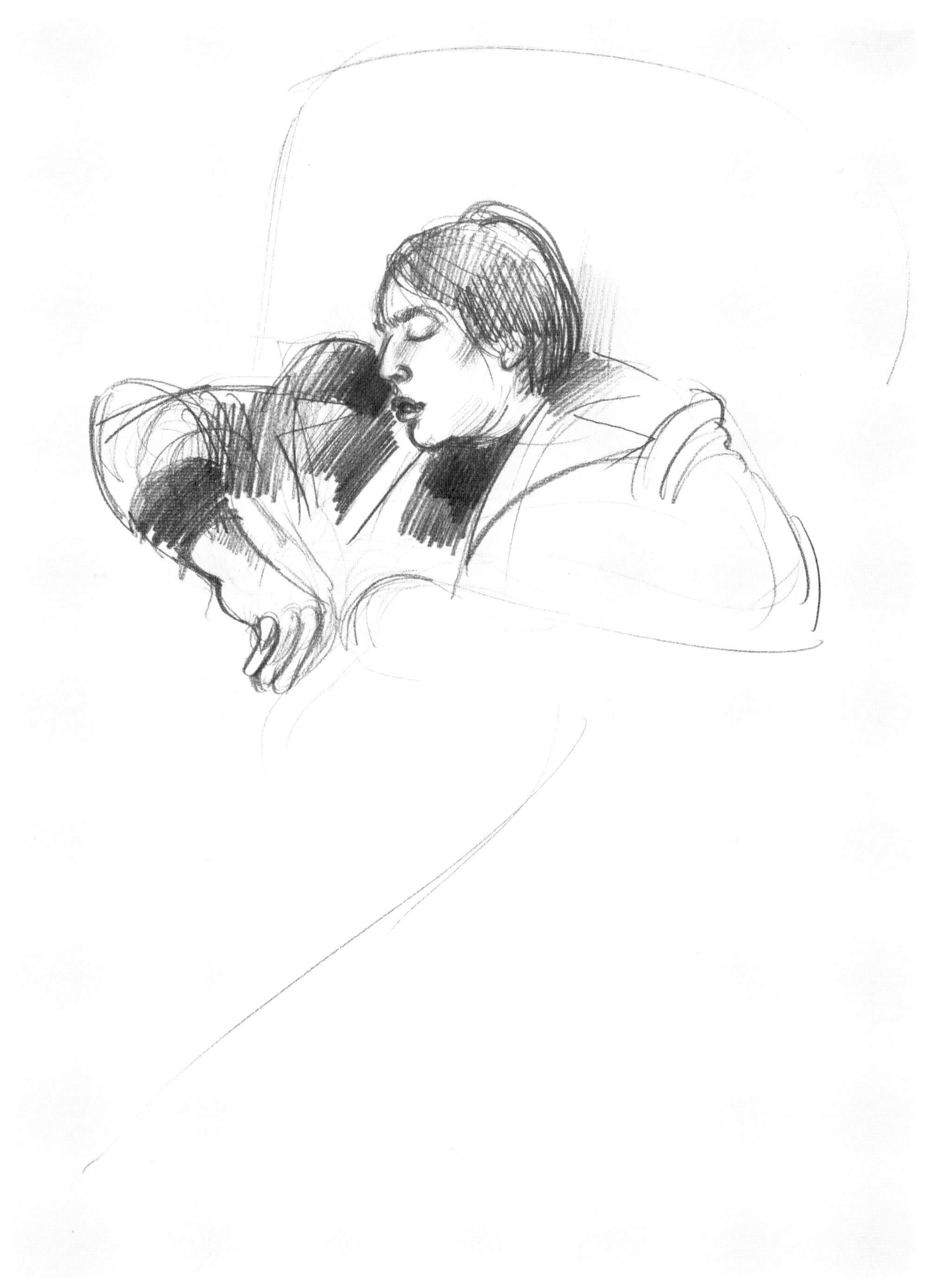

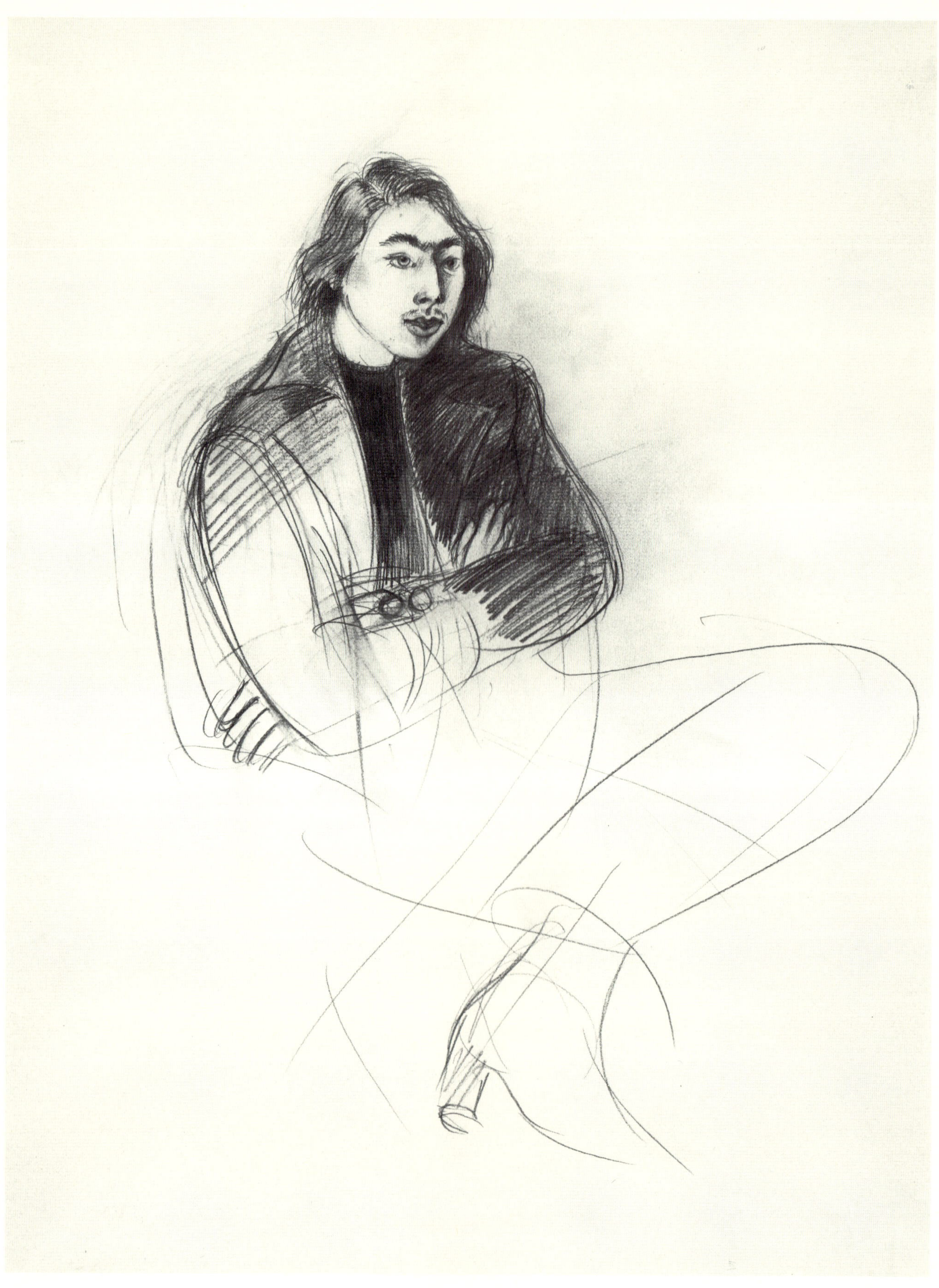

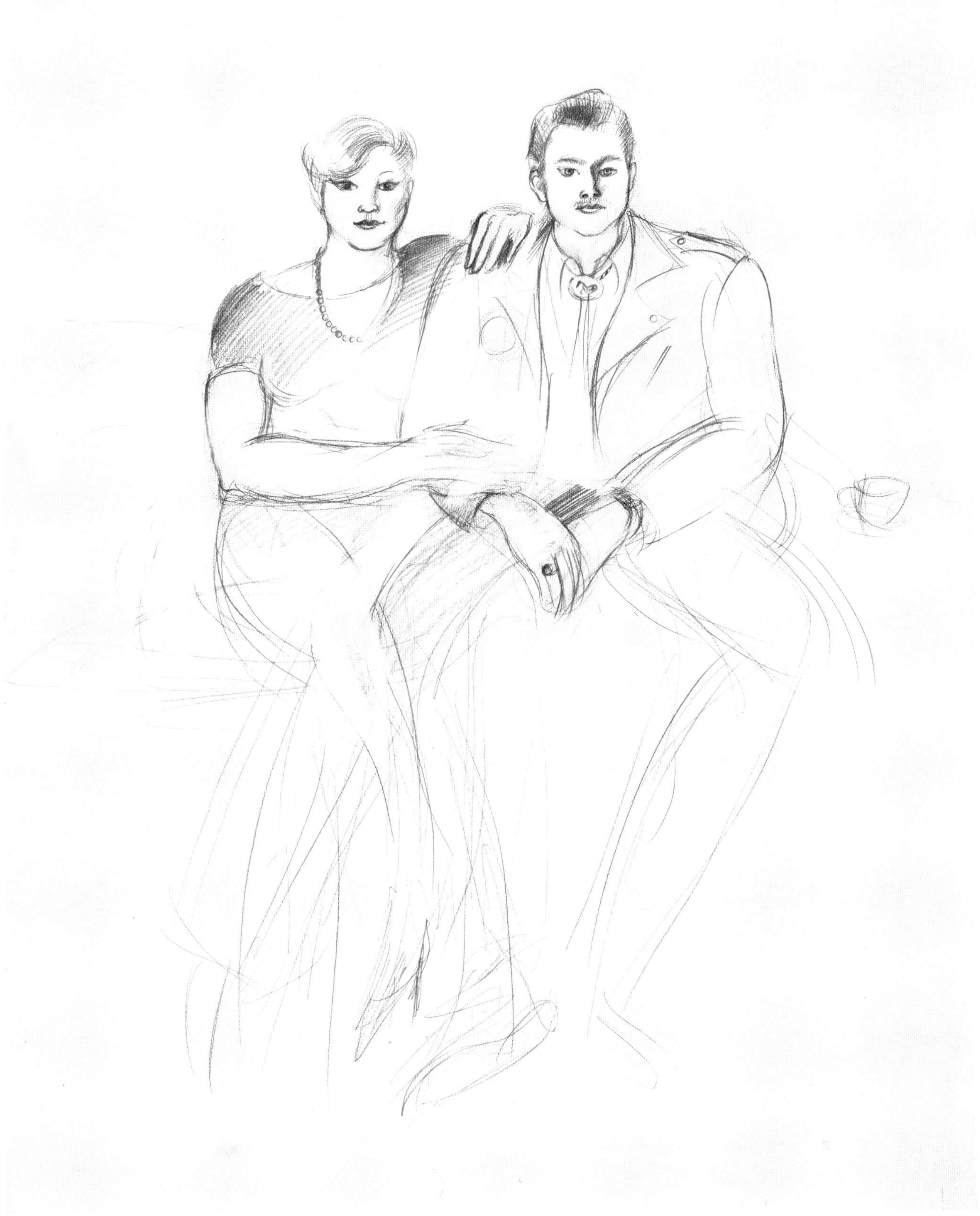

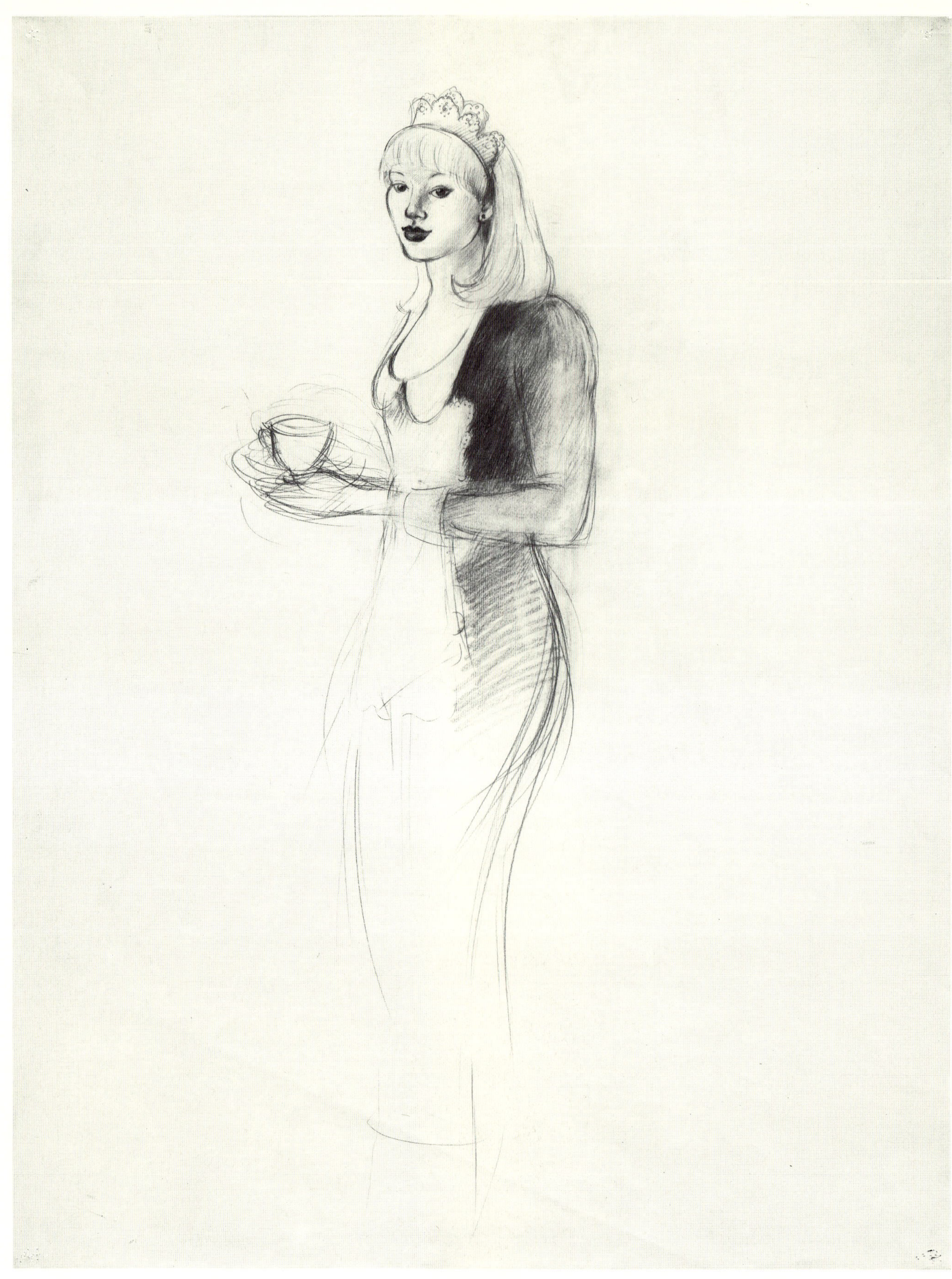

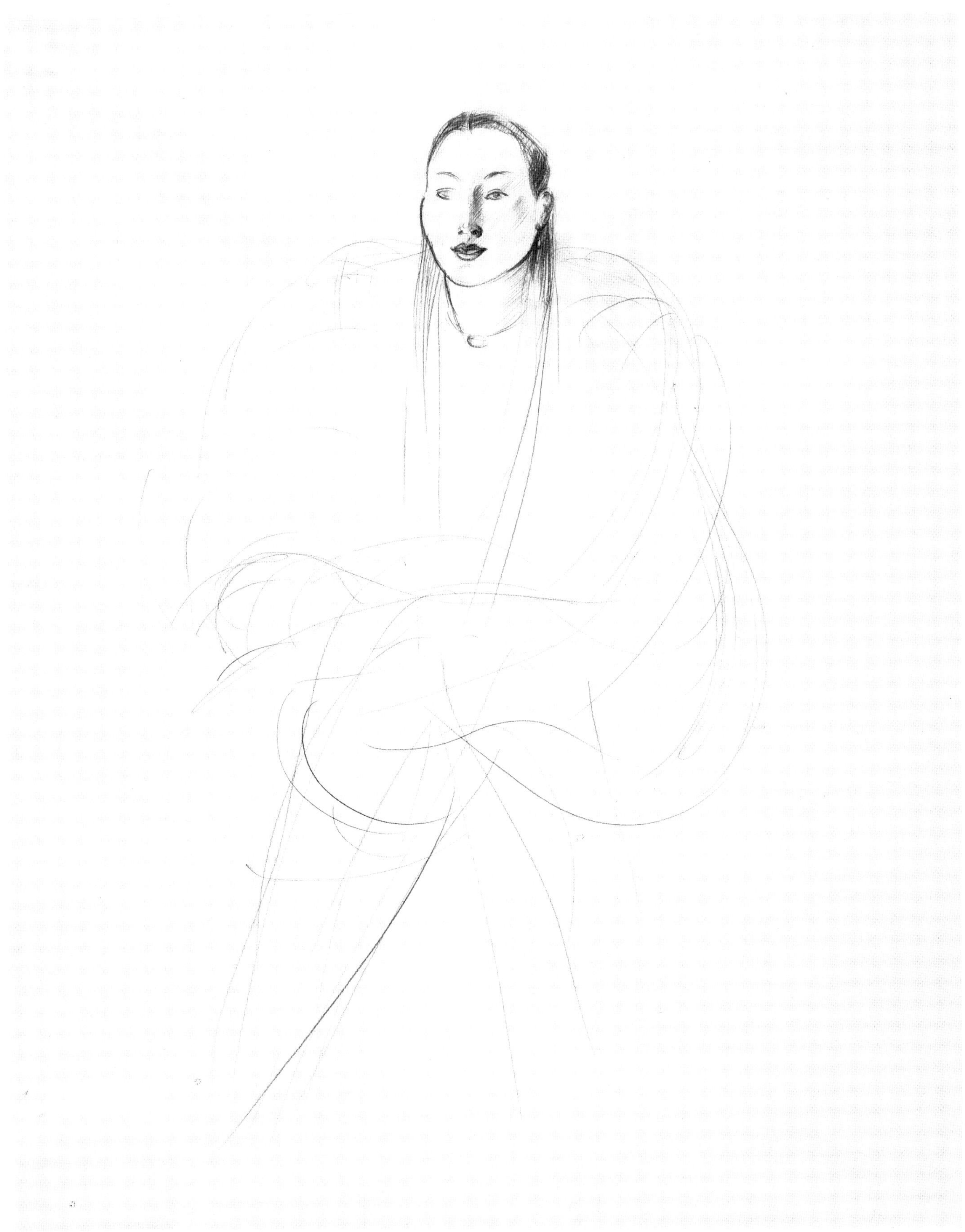

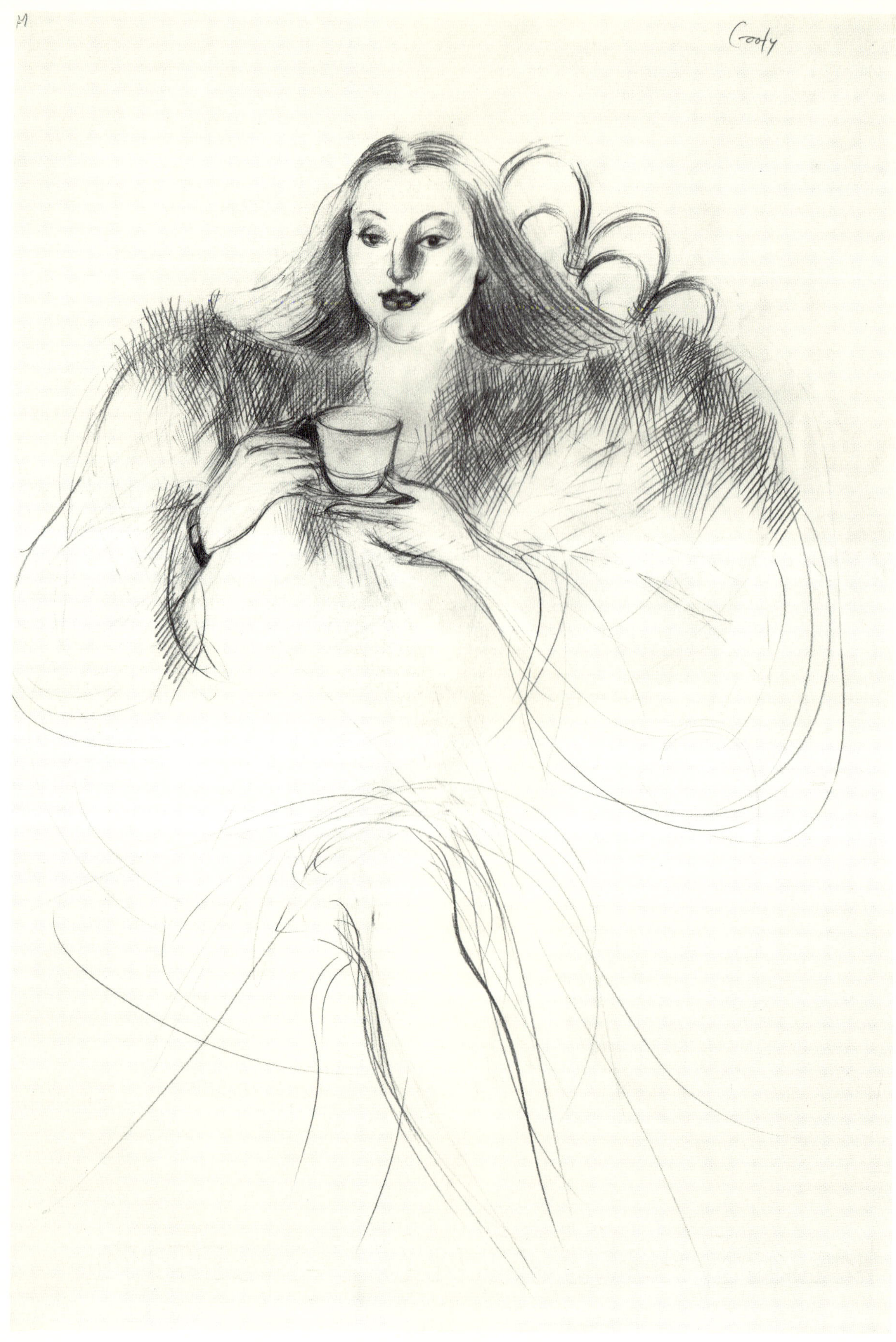

Goofy

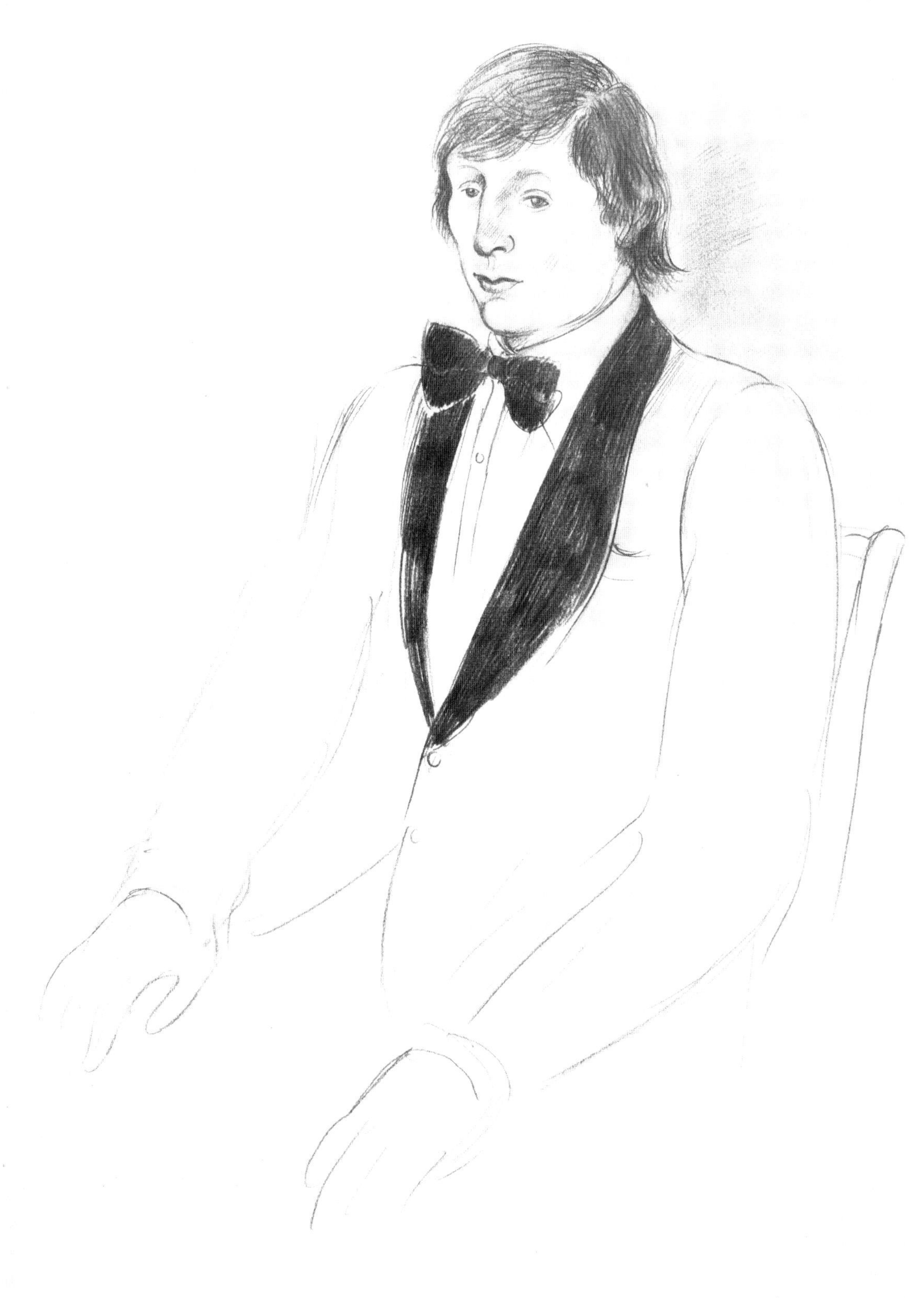

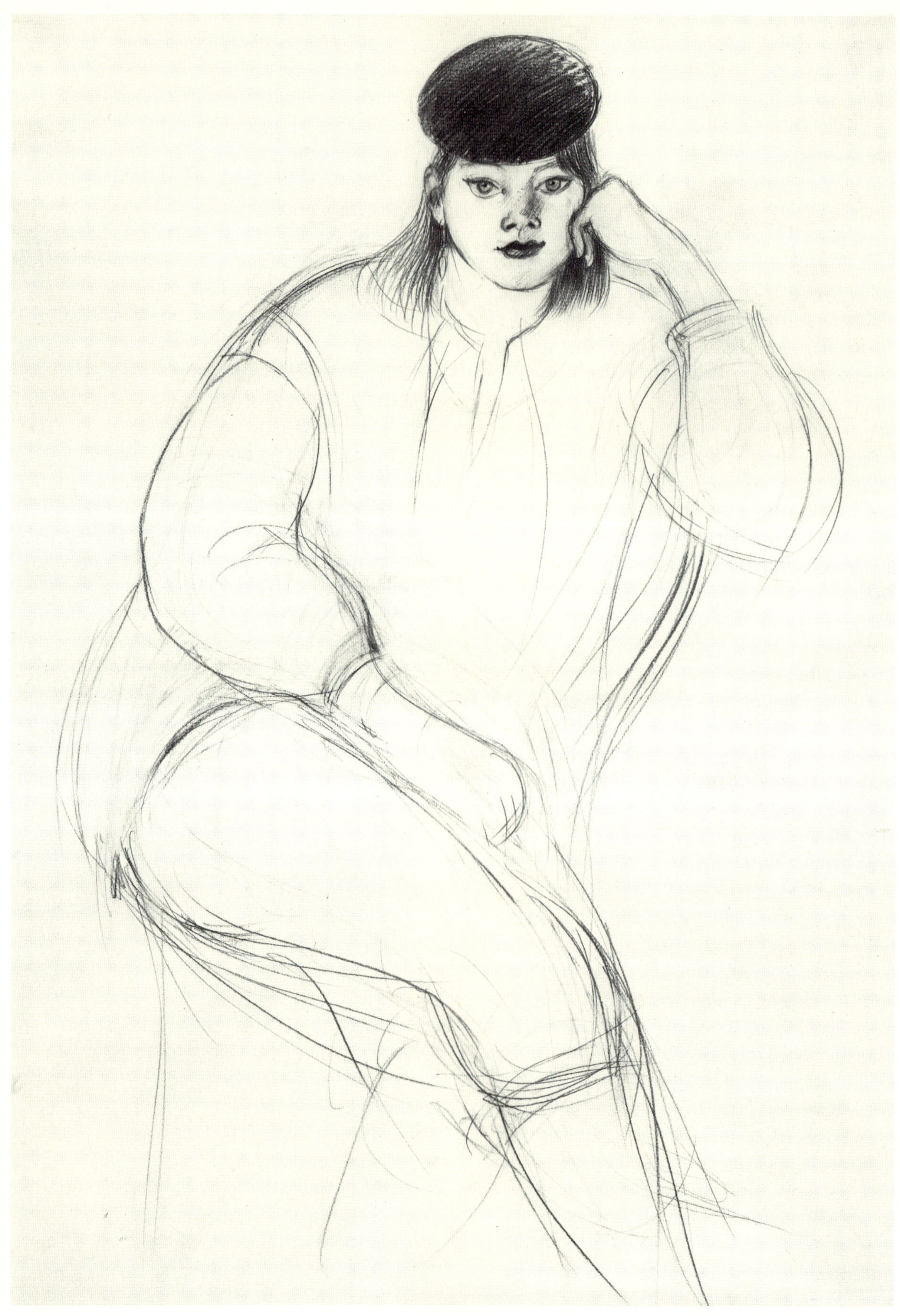

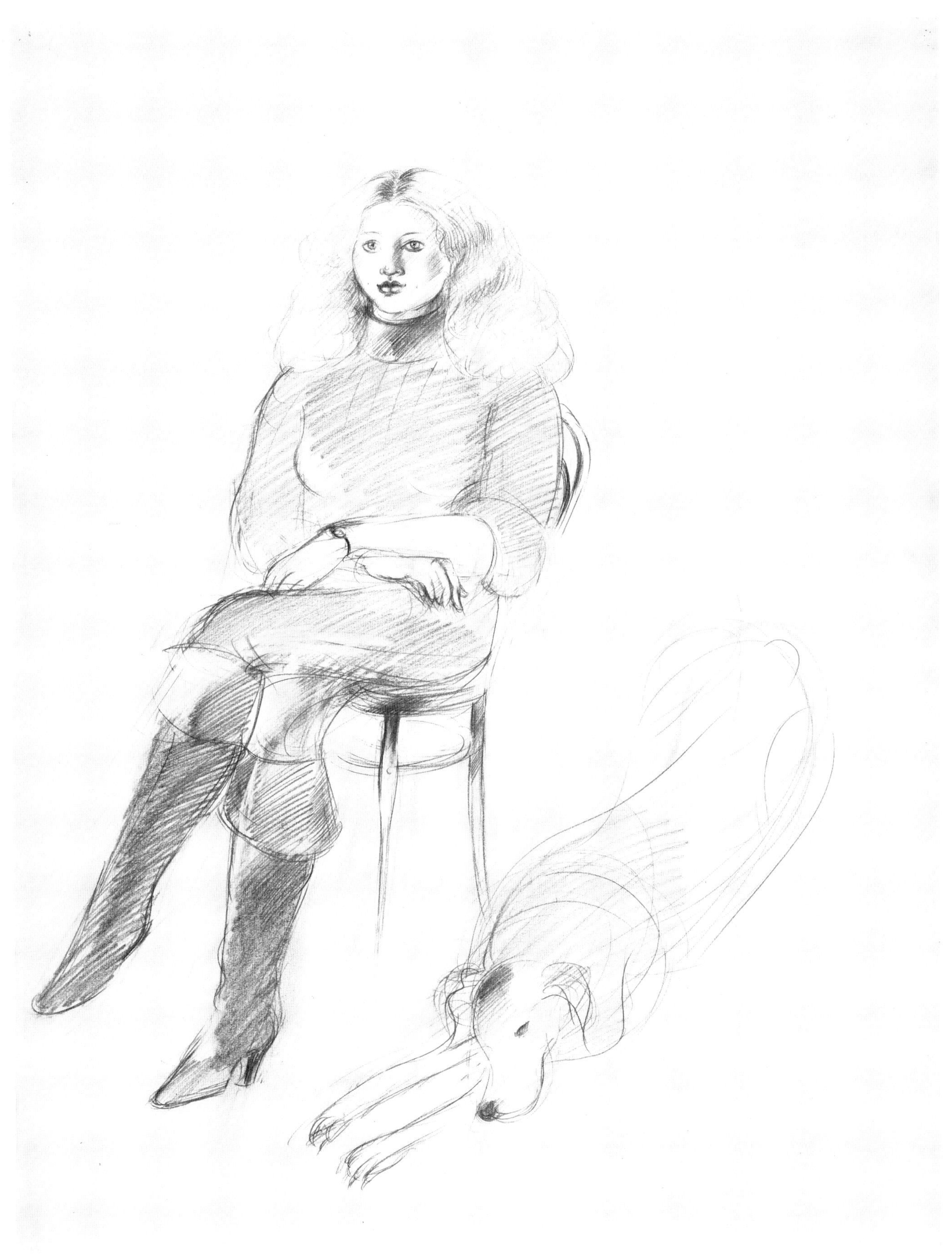

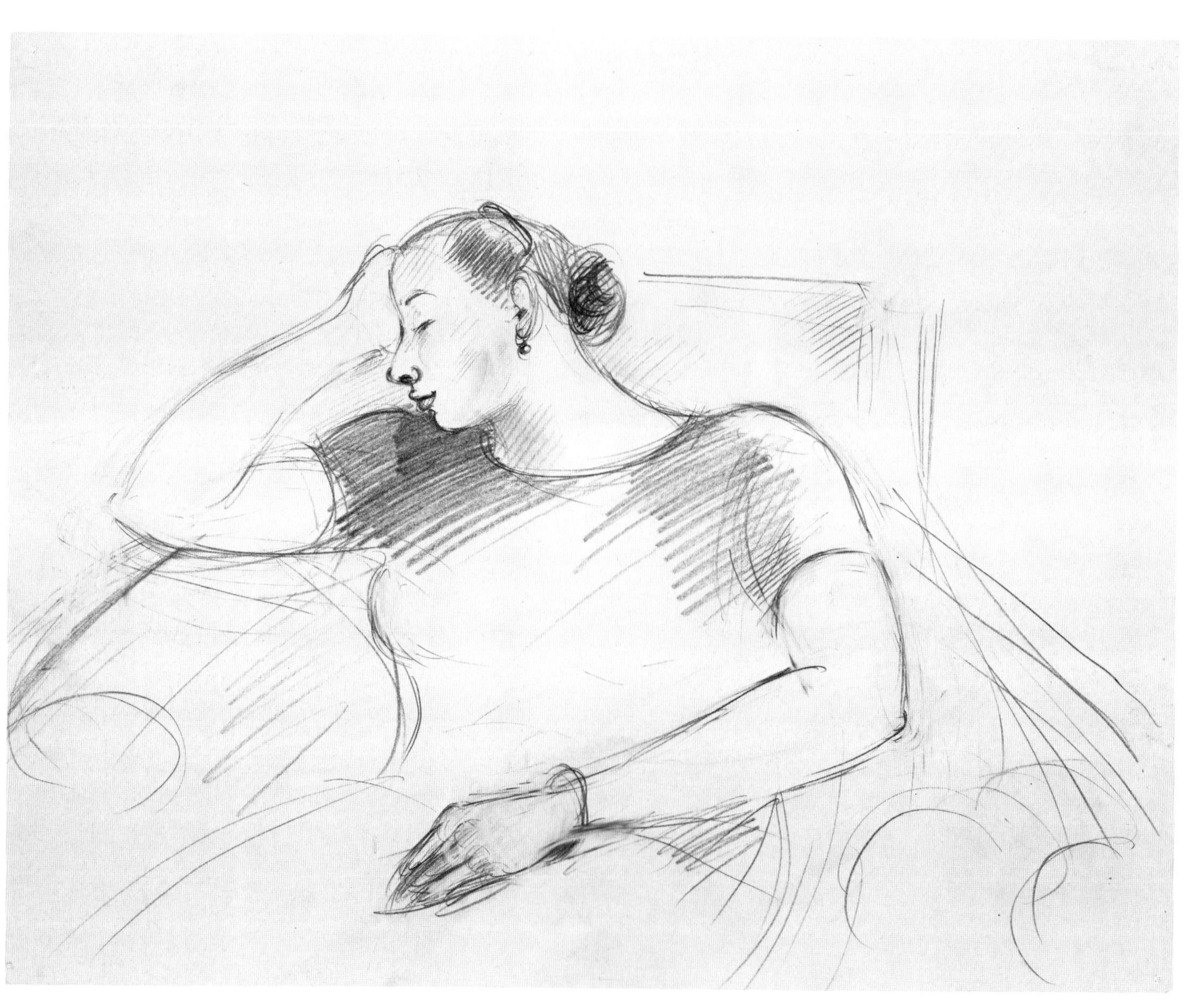

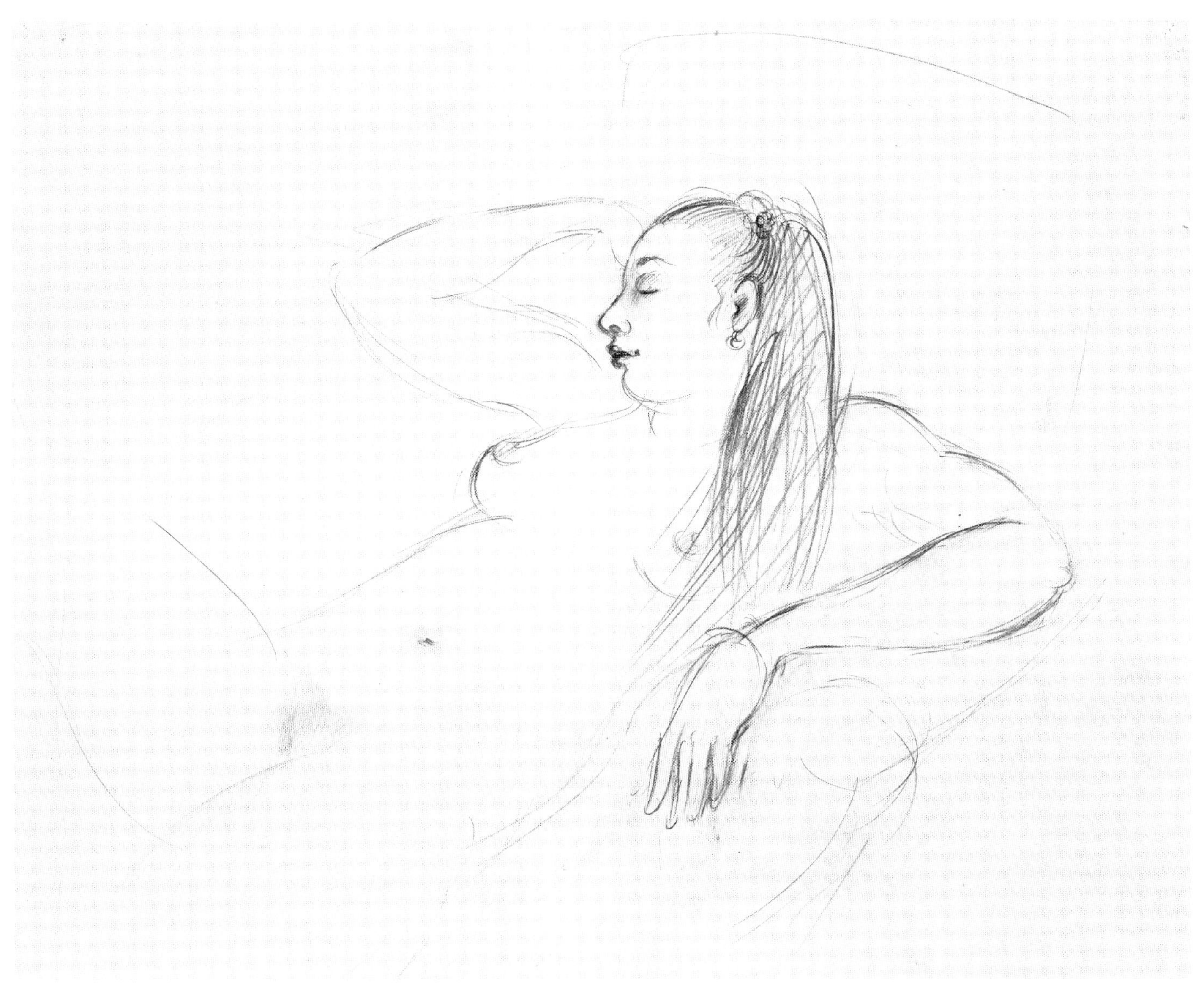

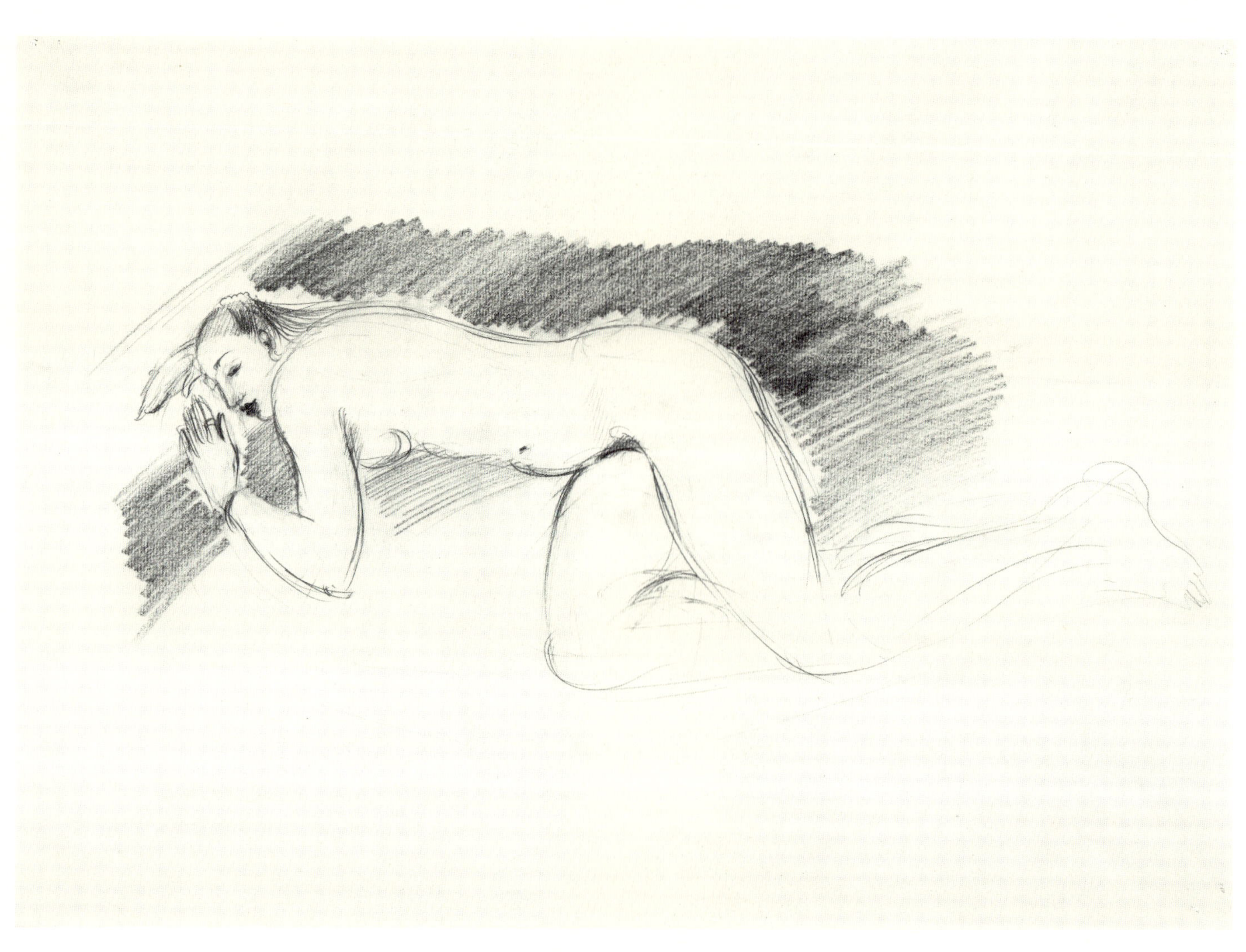

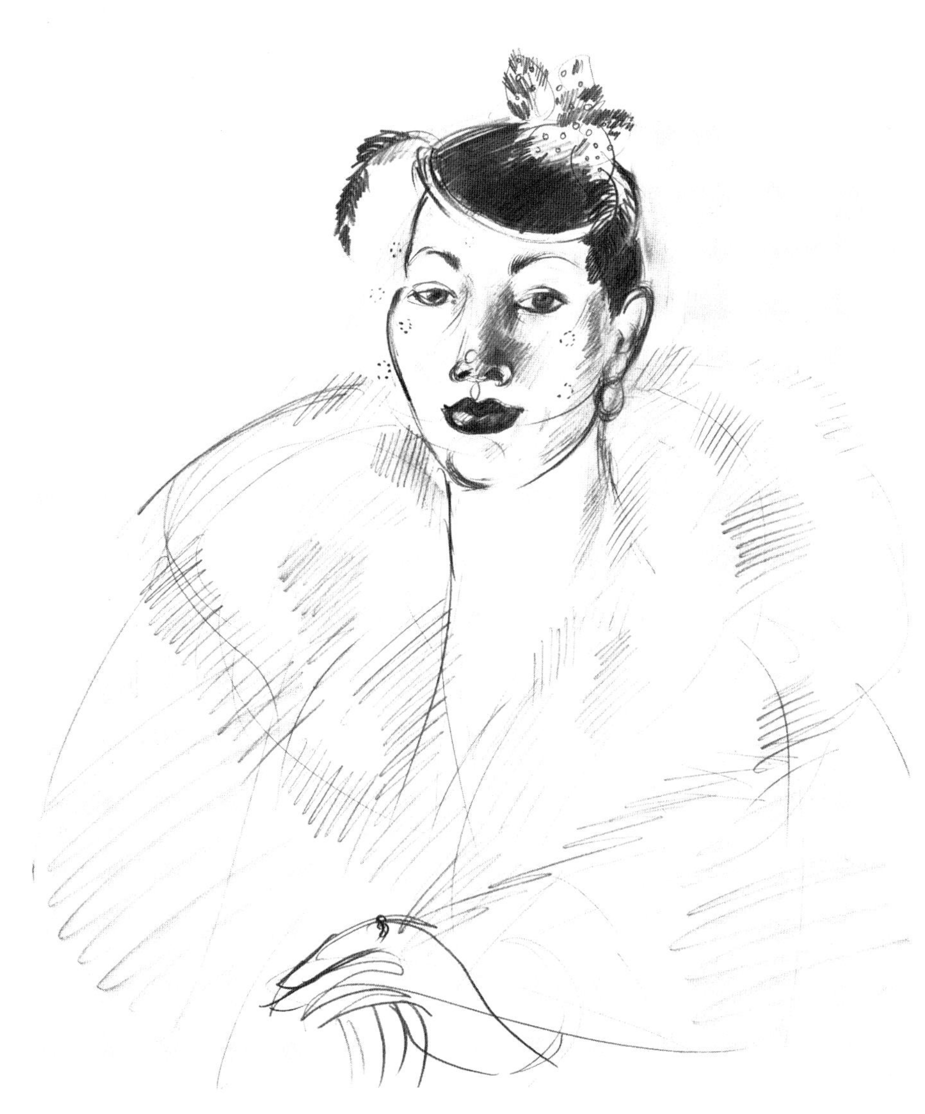

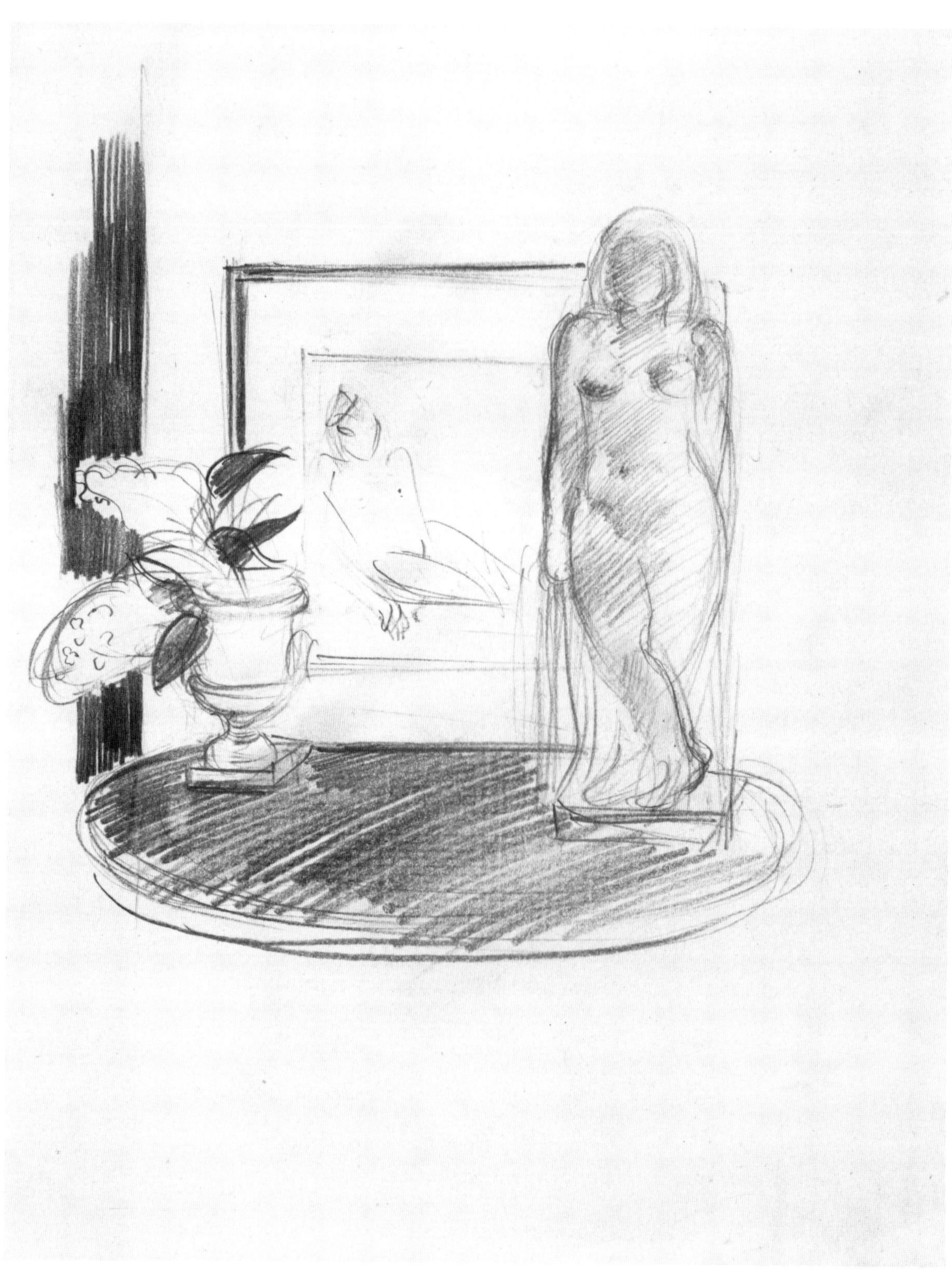

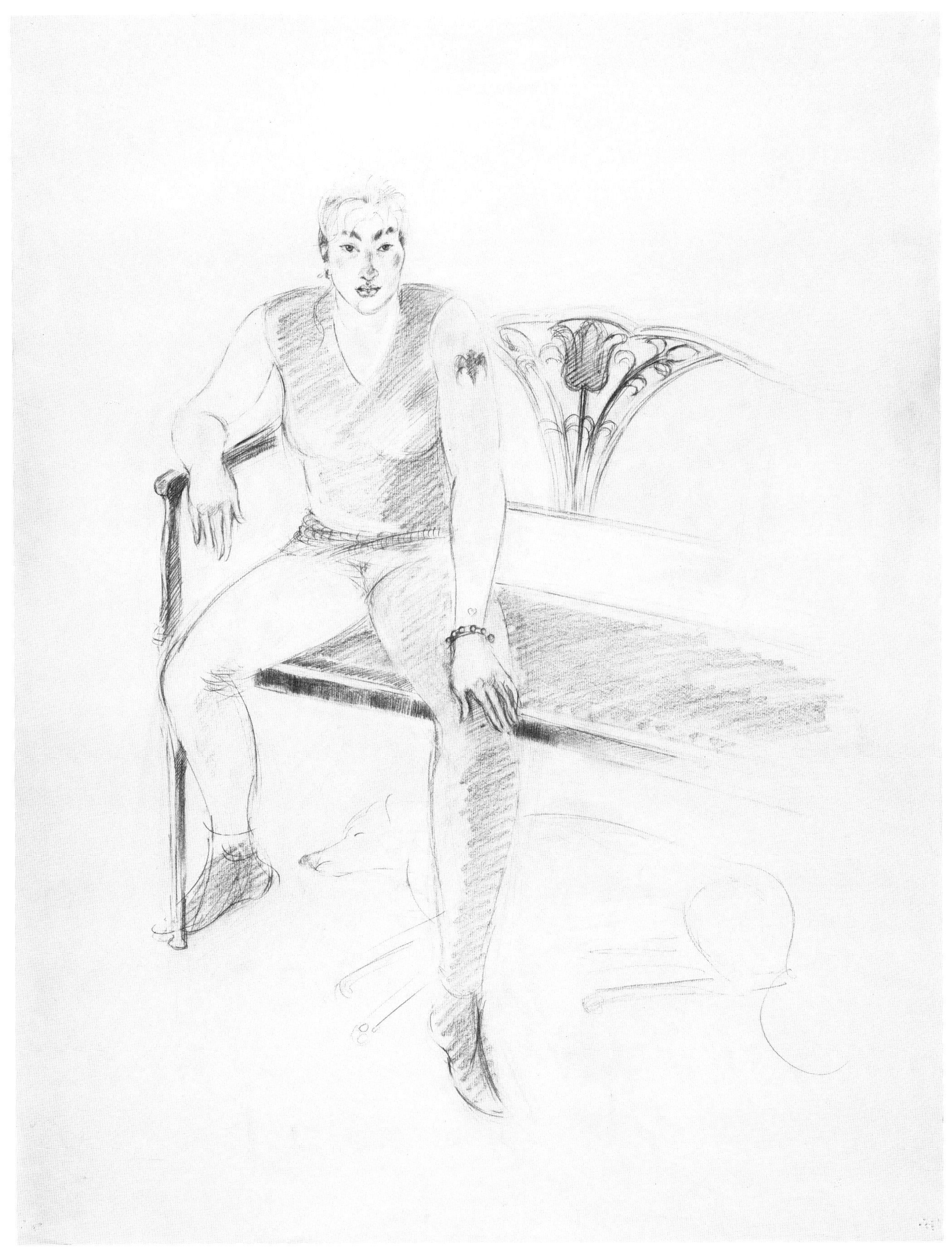

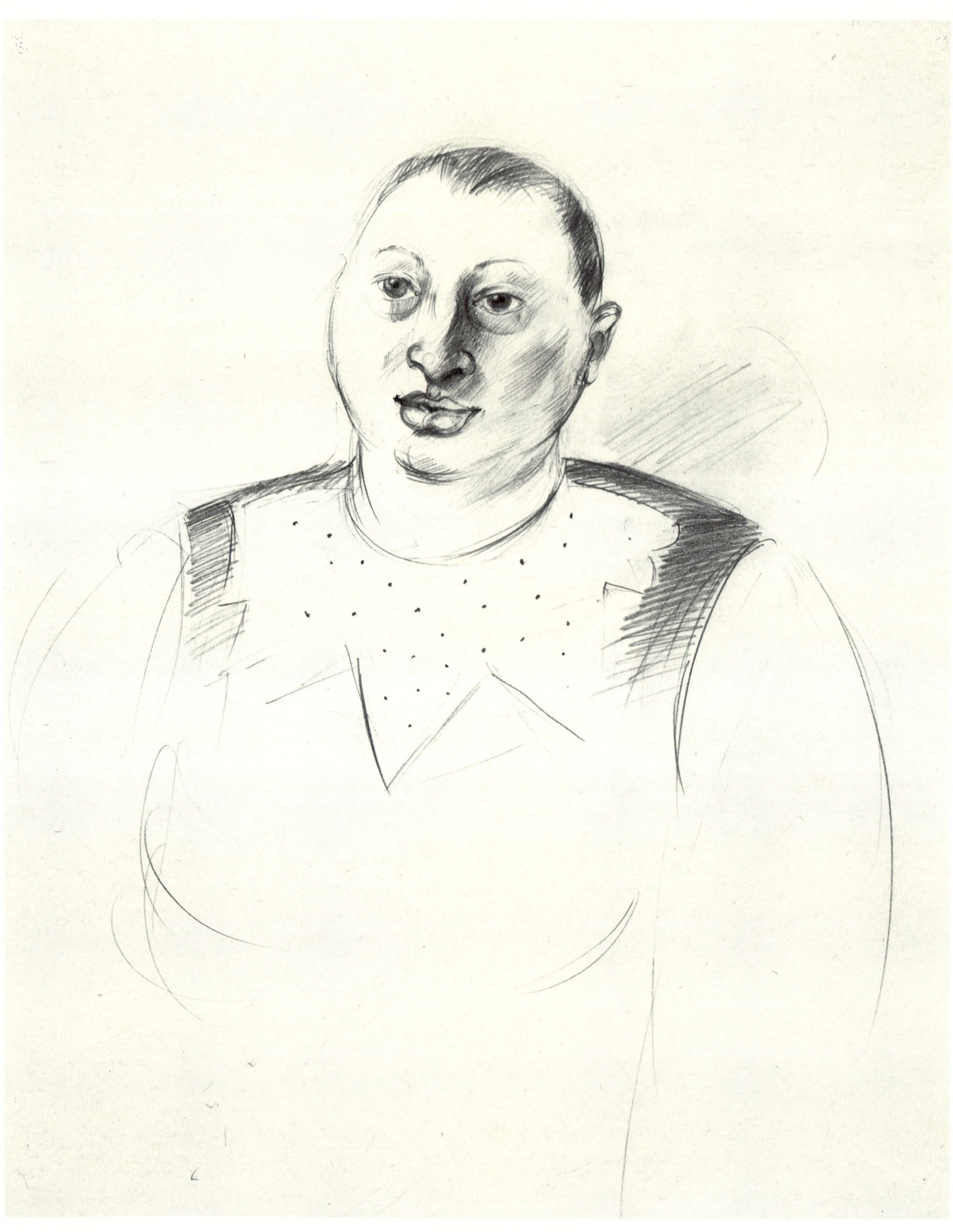

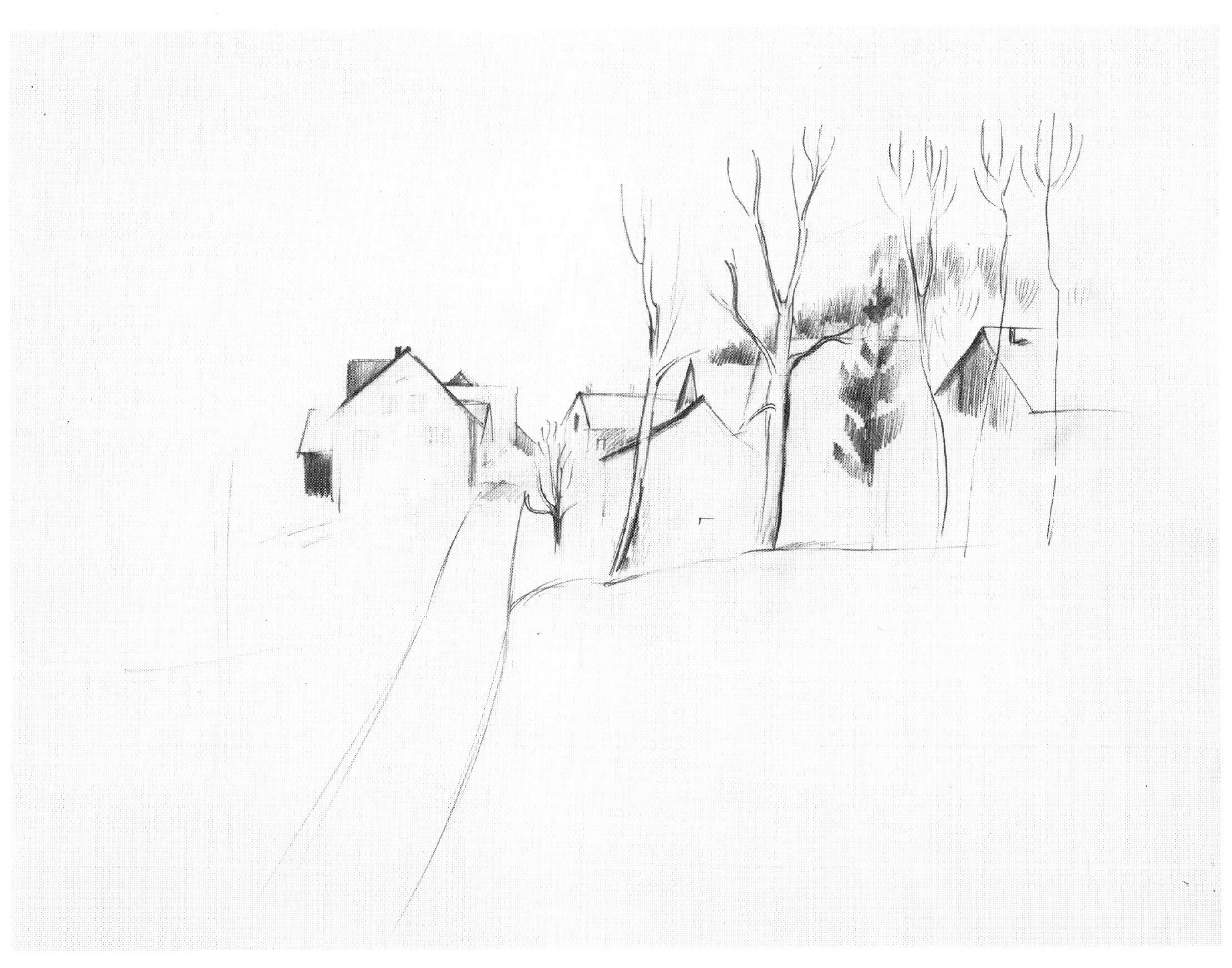

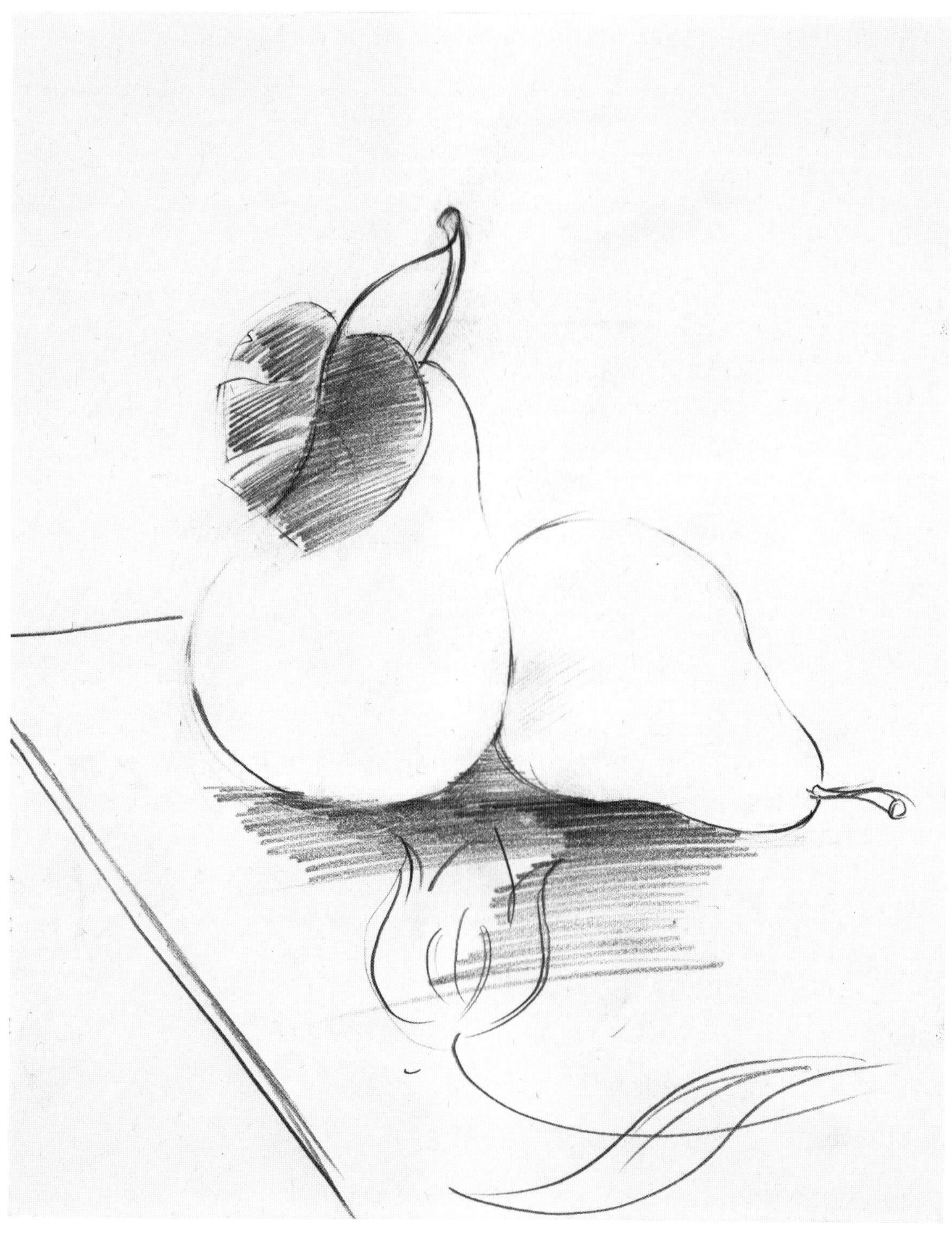

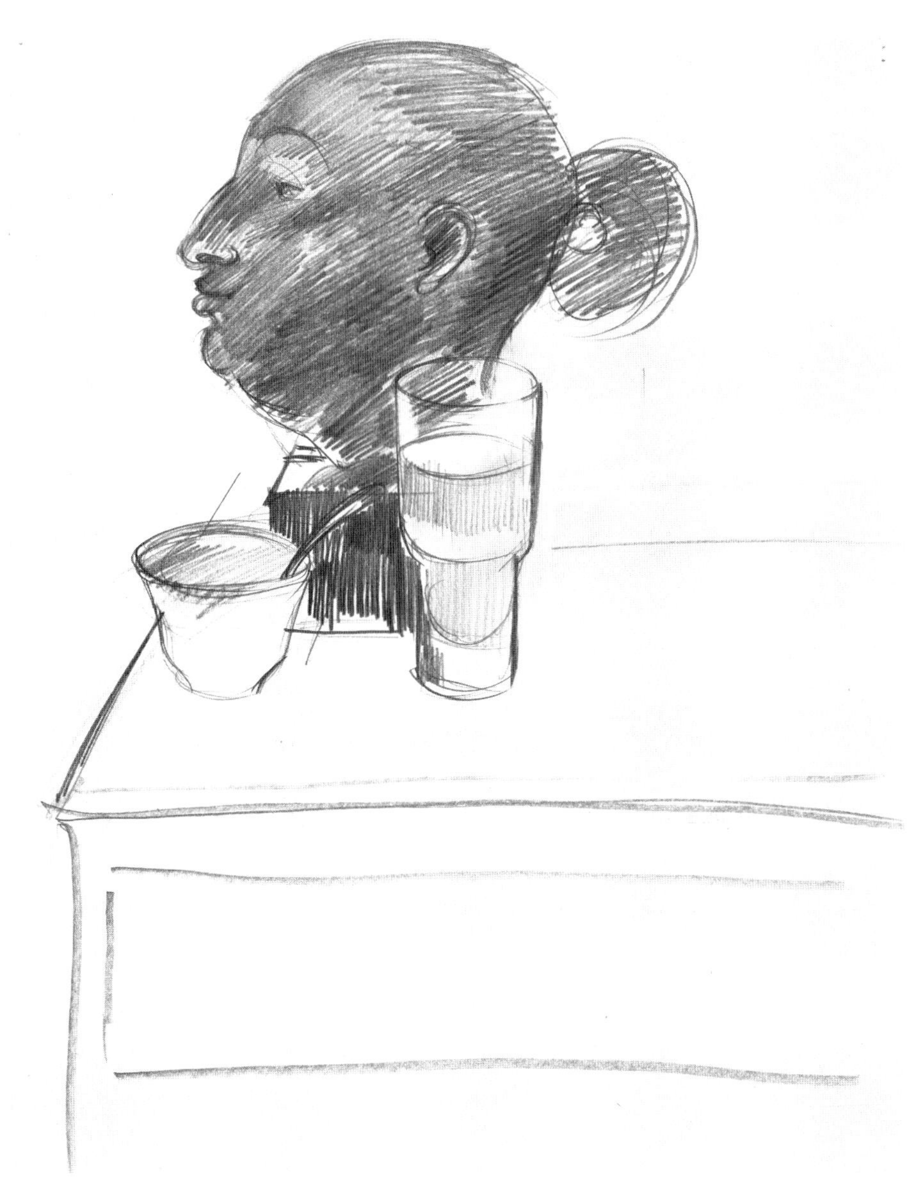

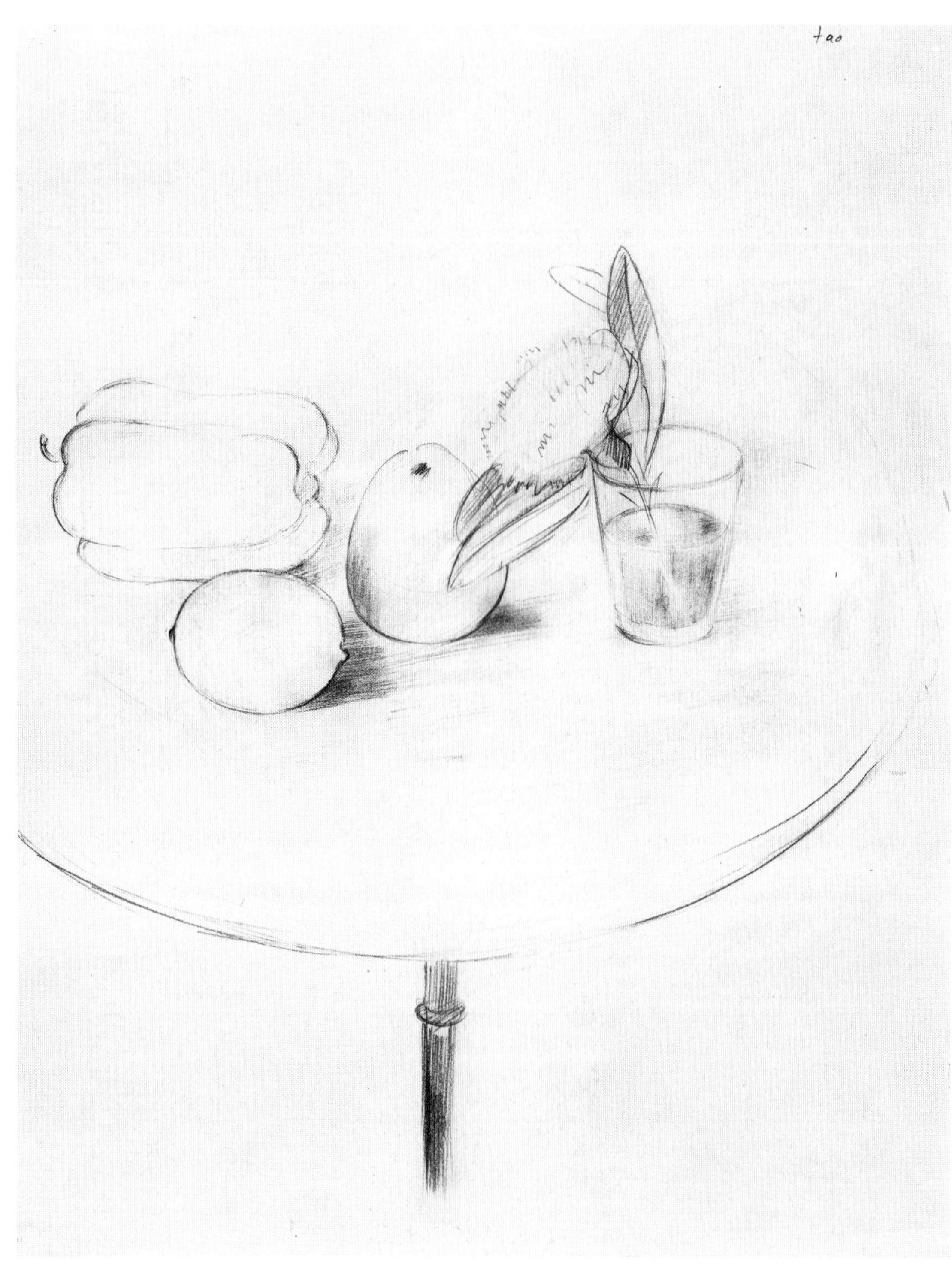

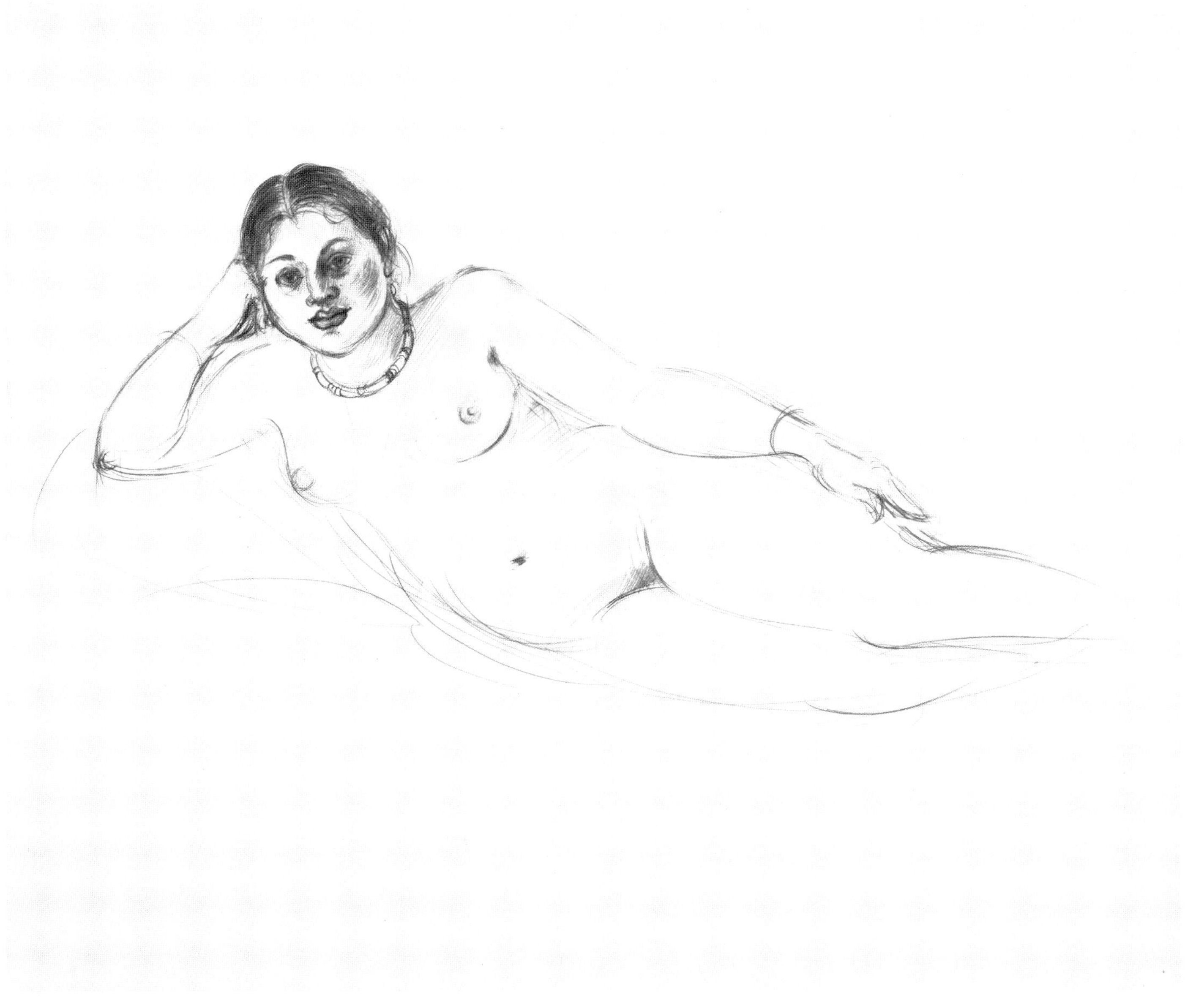

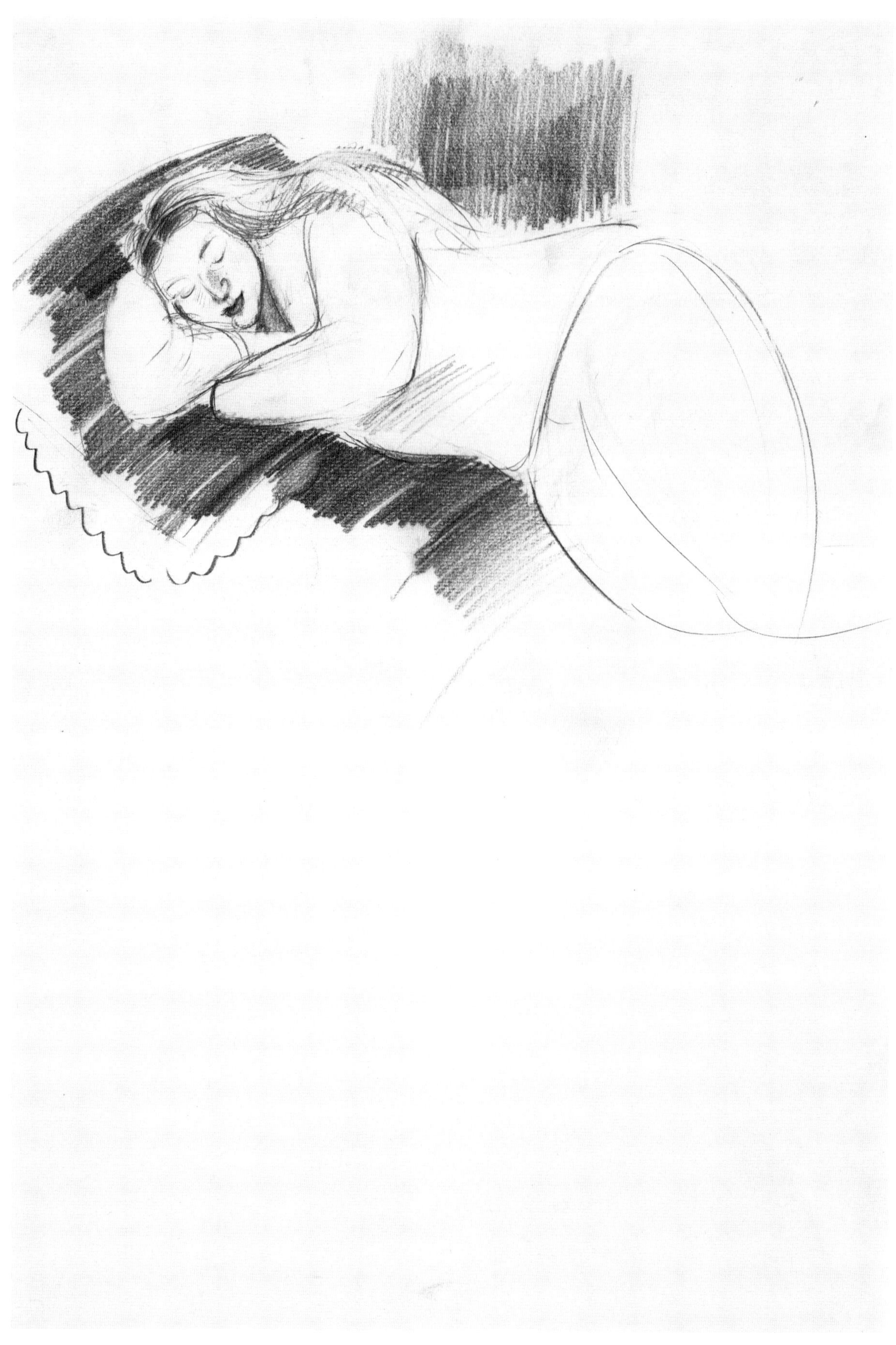

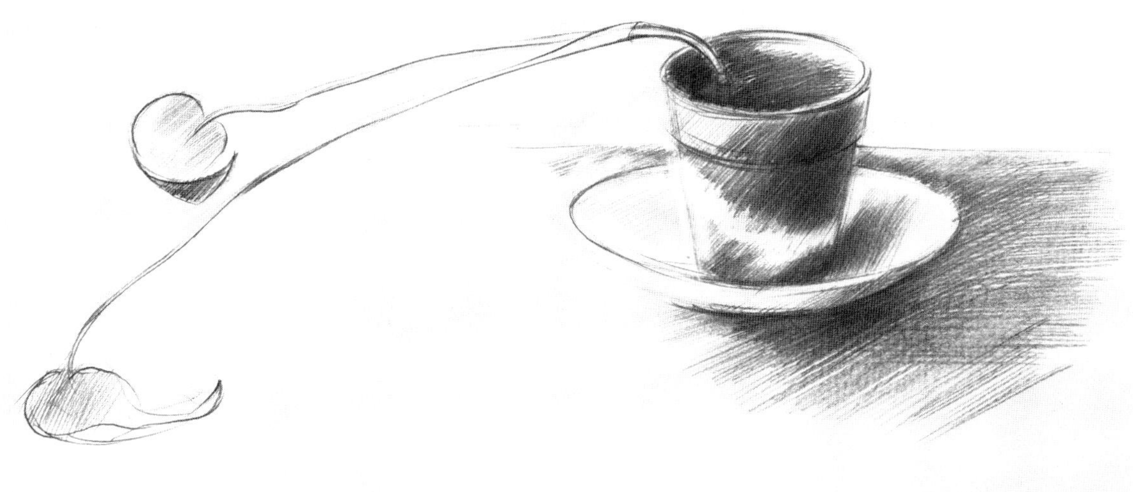

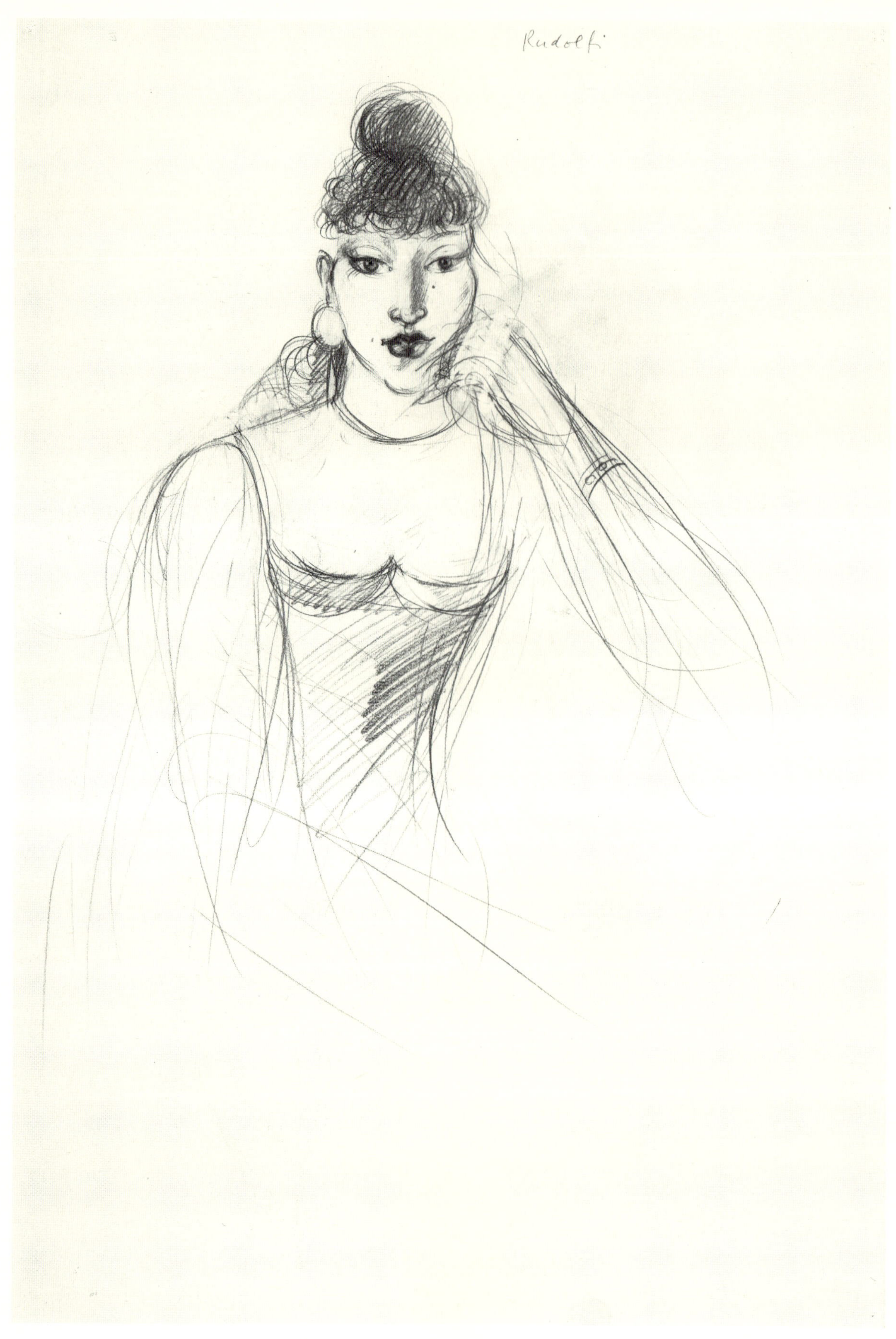

Rudolfi

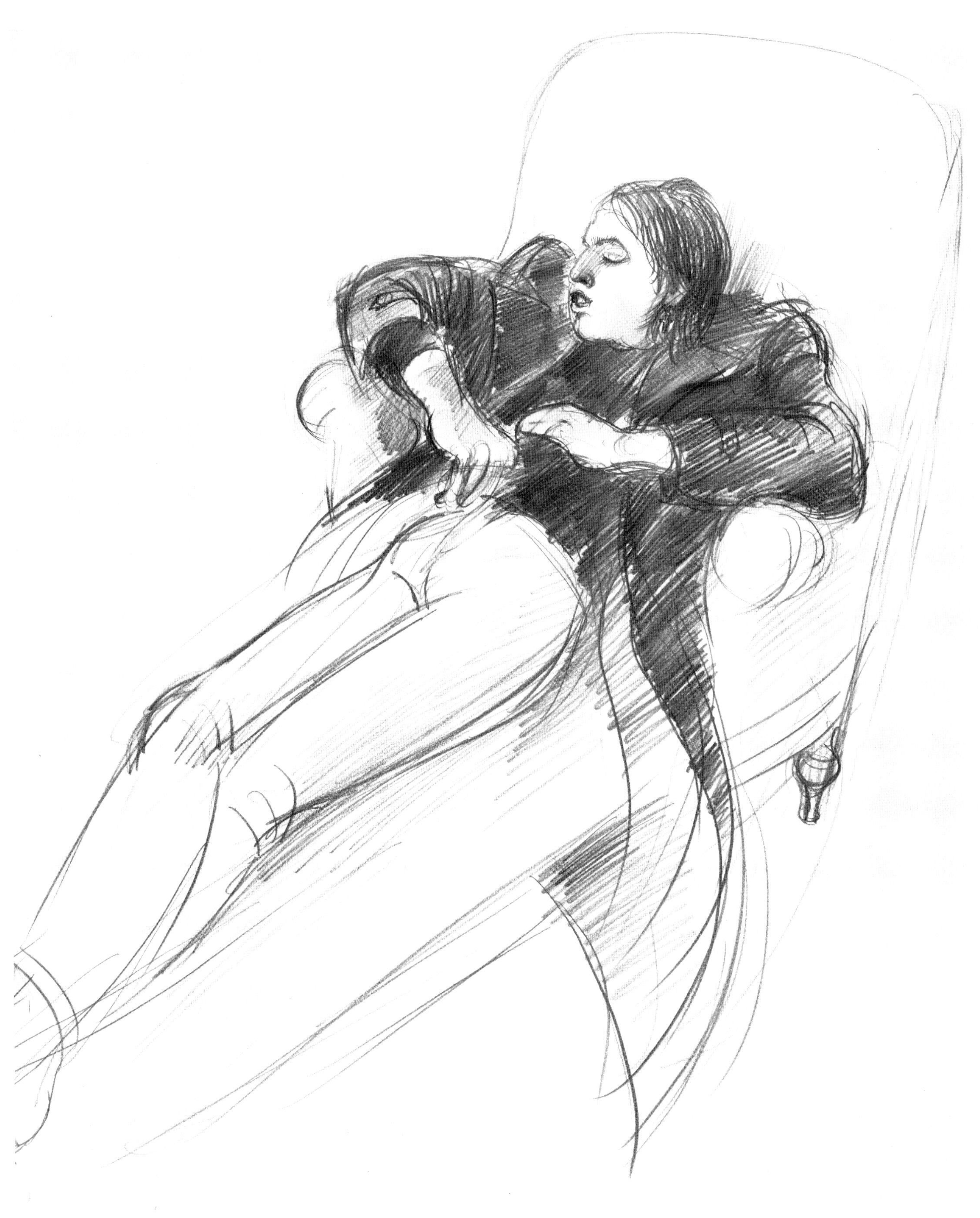

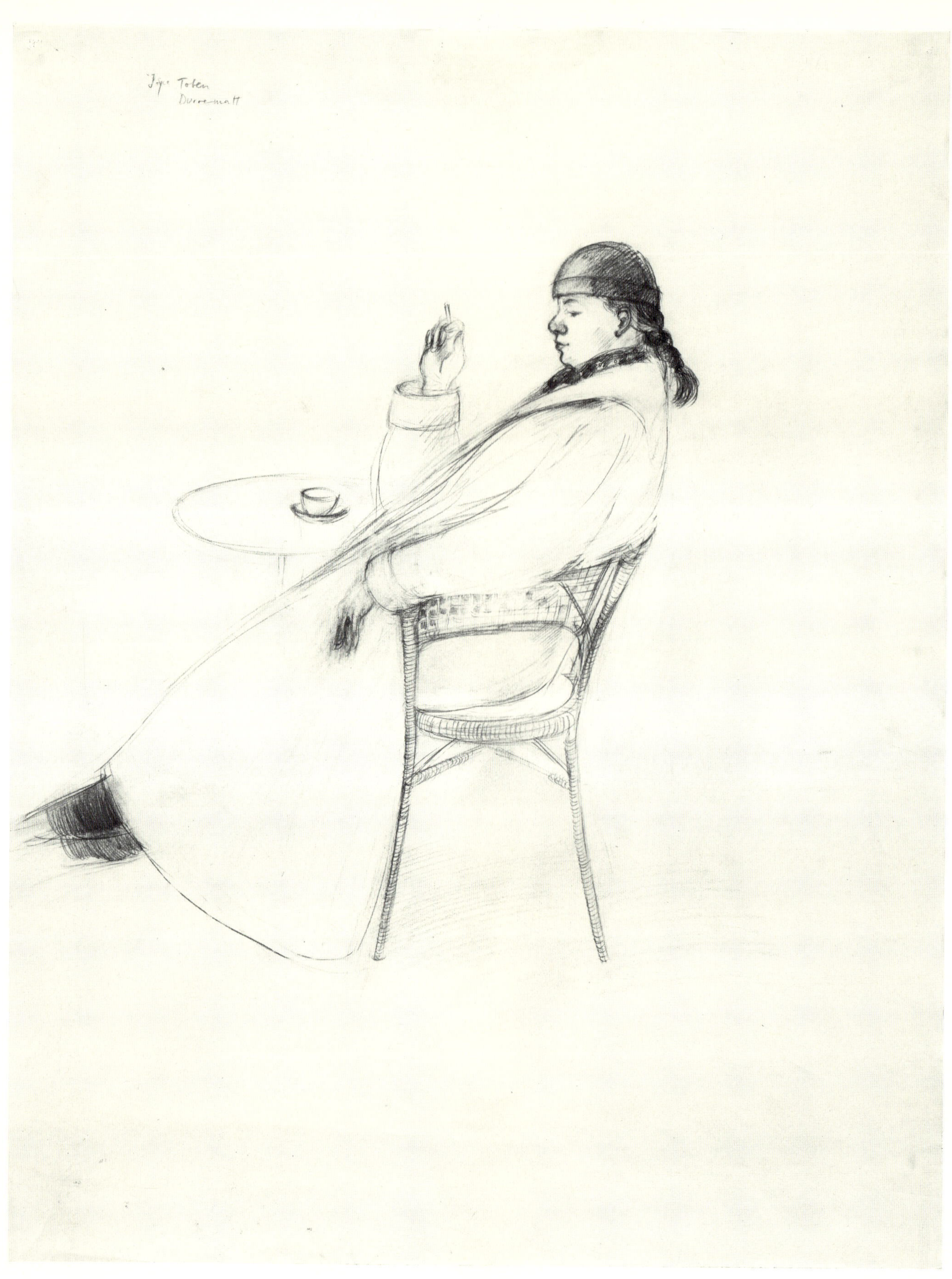

Fig. Toben
Dürrenmatt

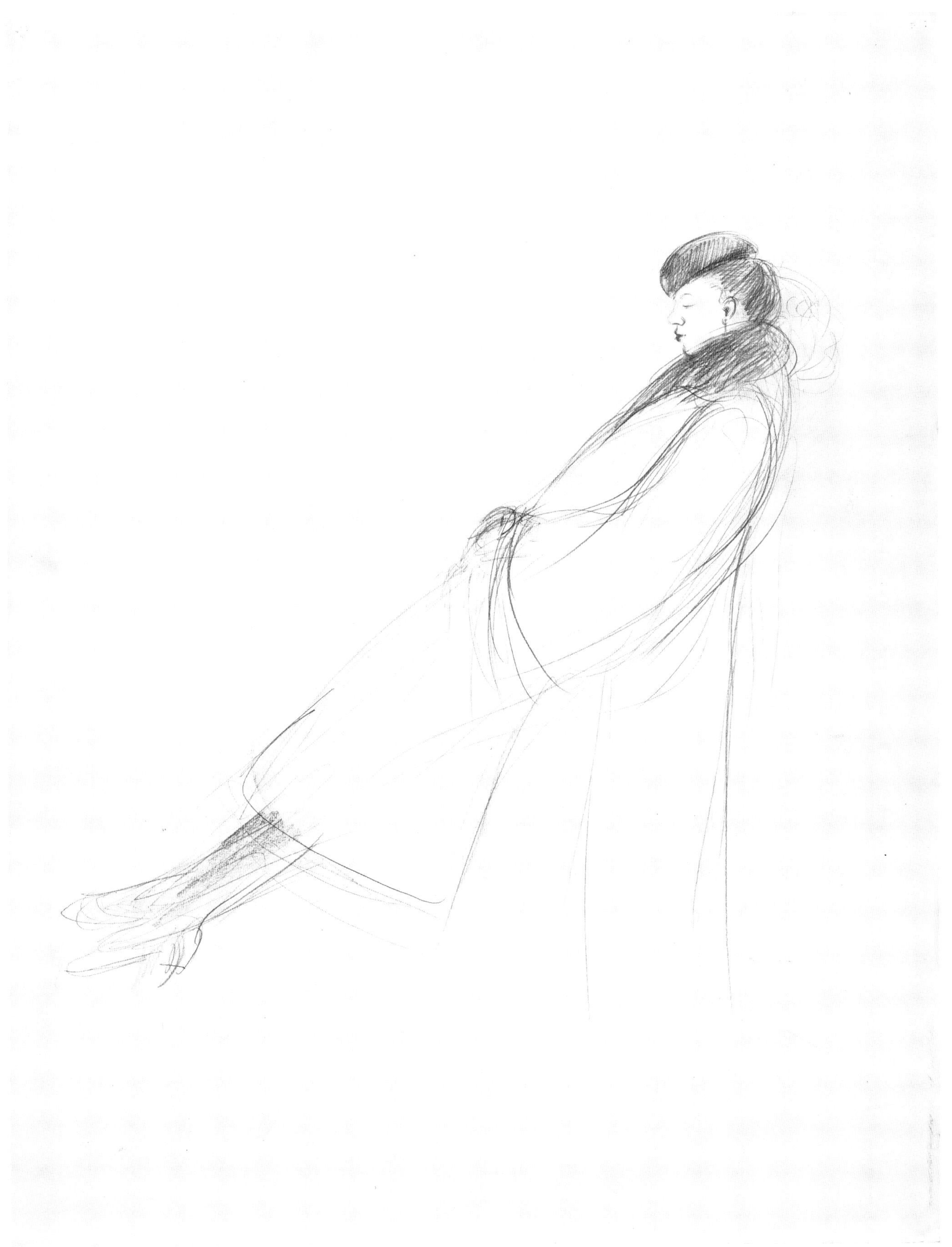

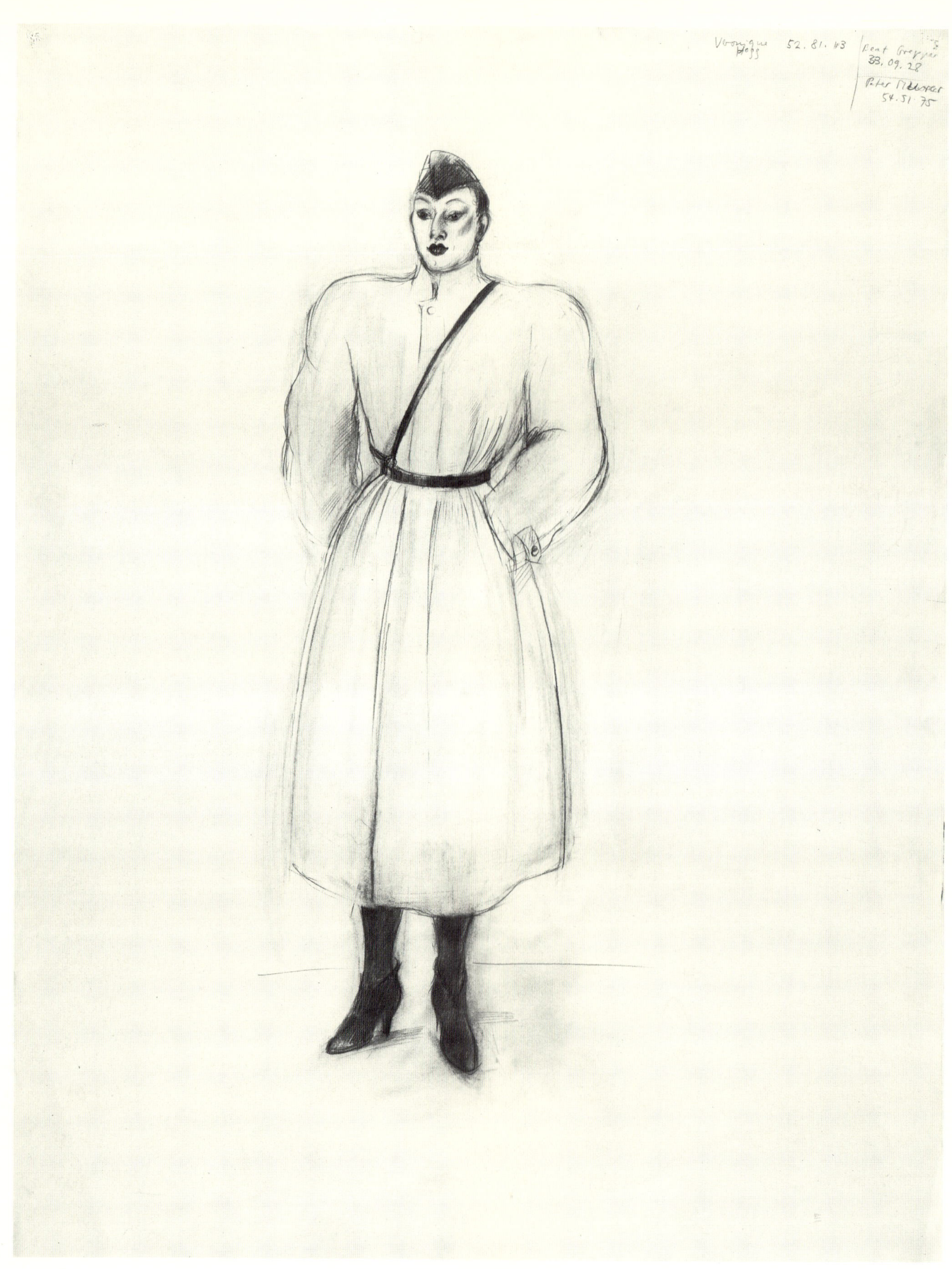

Veronique Hogg   52.81.43
Beat Grepper 33.09.28
Peter Meurer 54.51.75

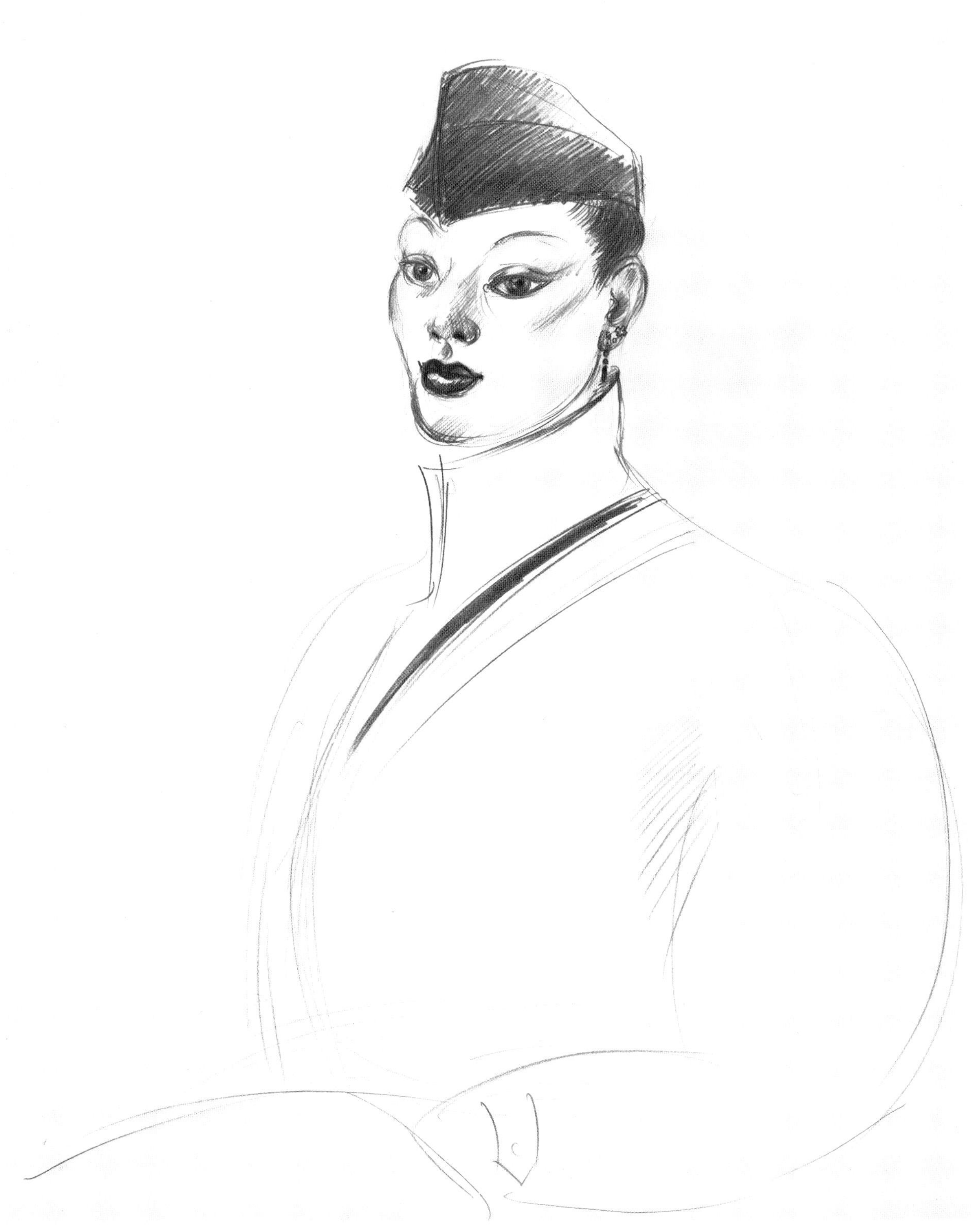

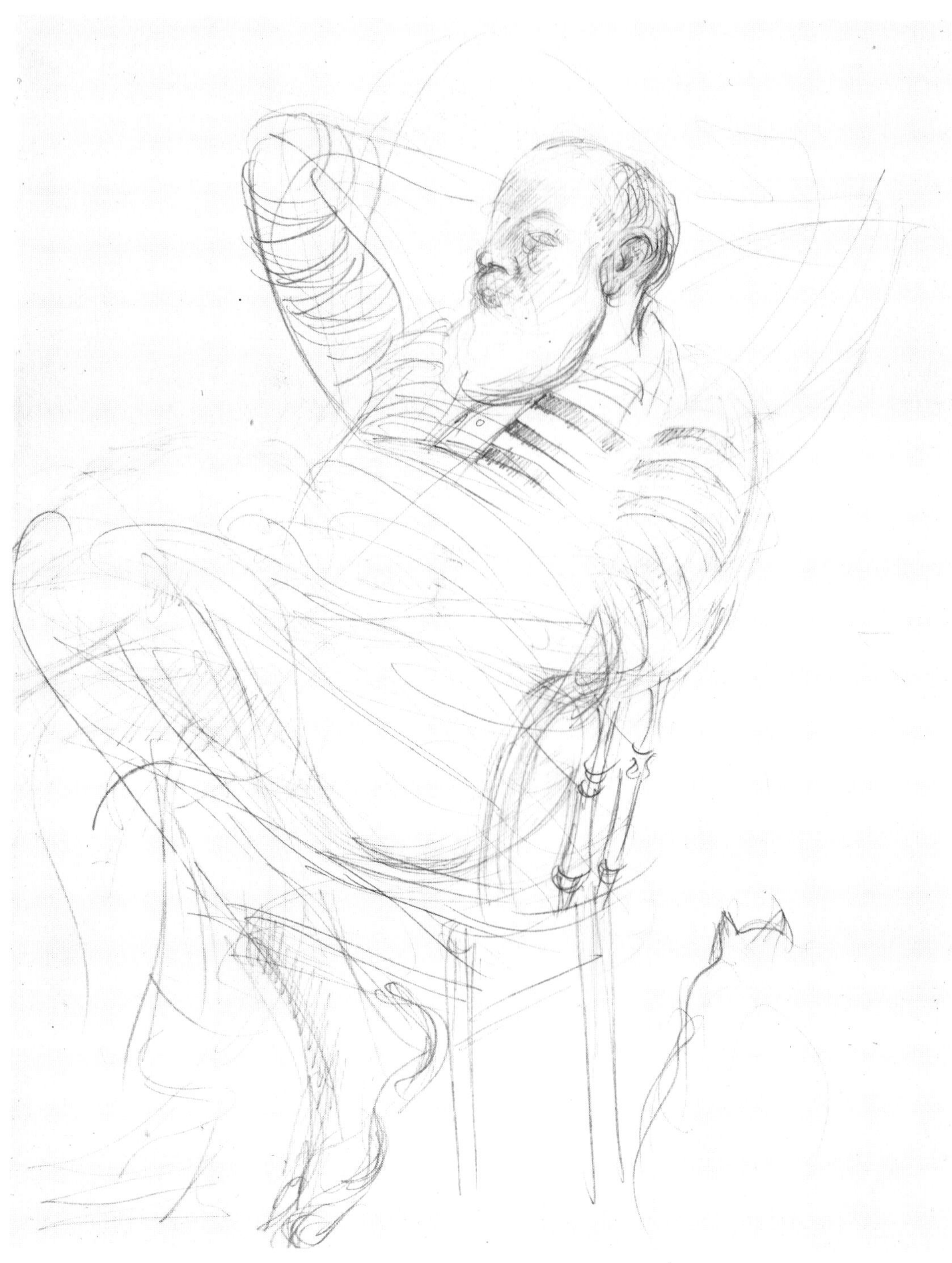

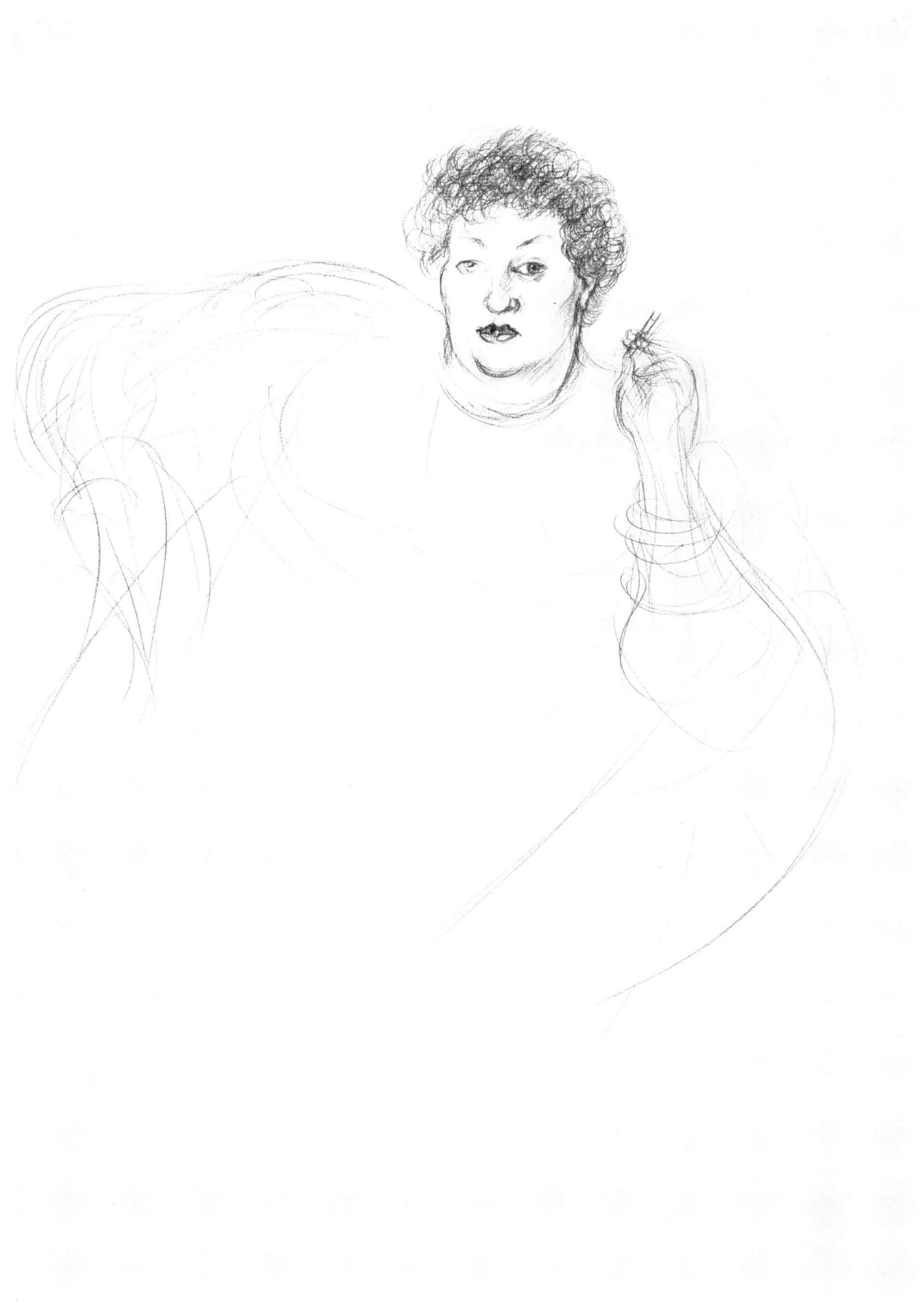

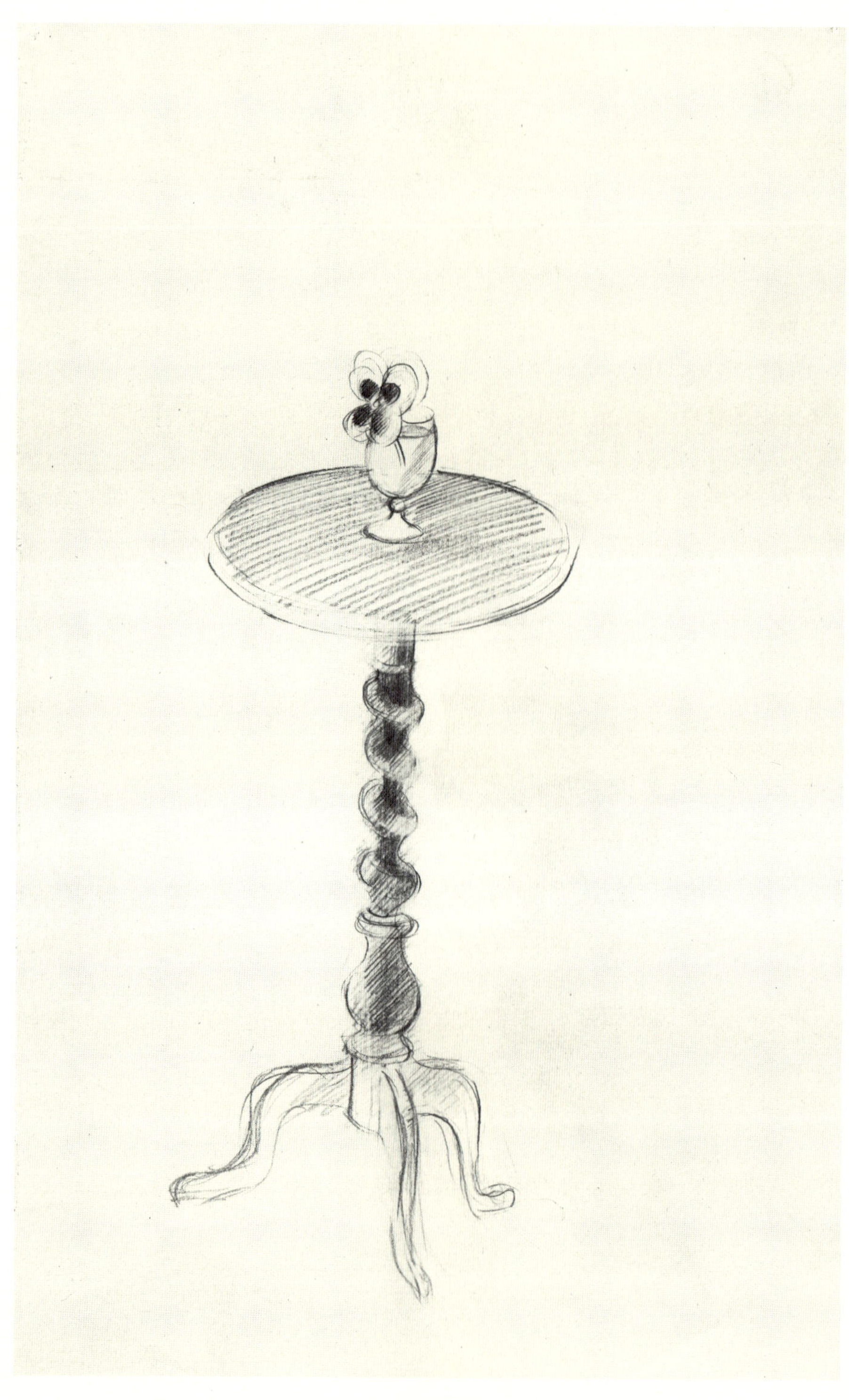

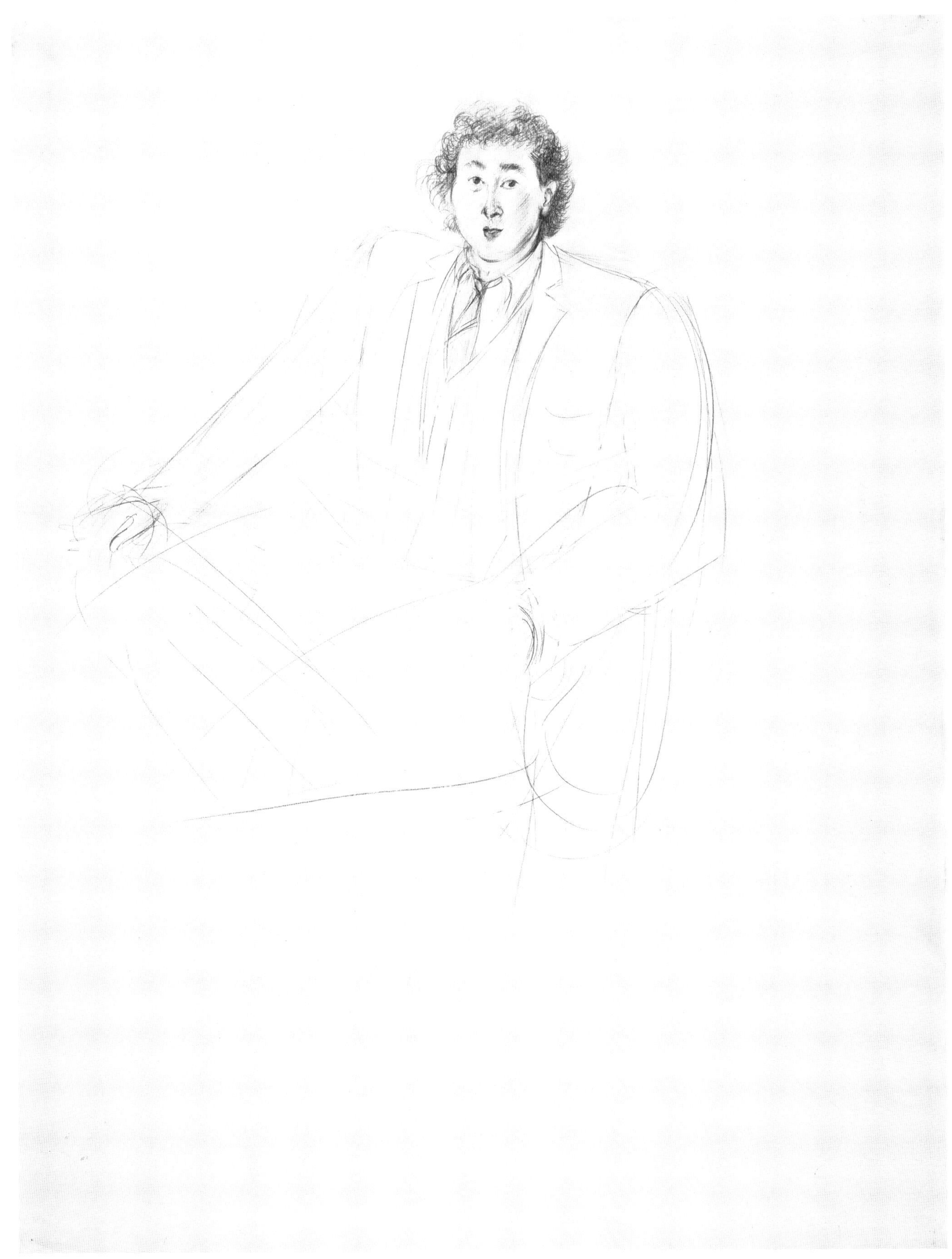

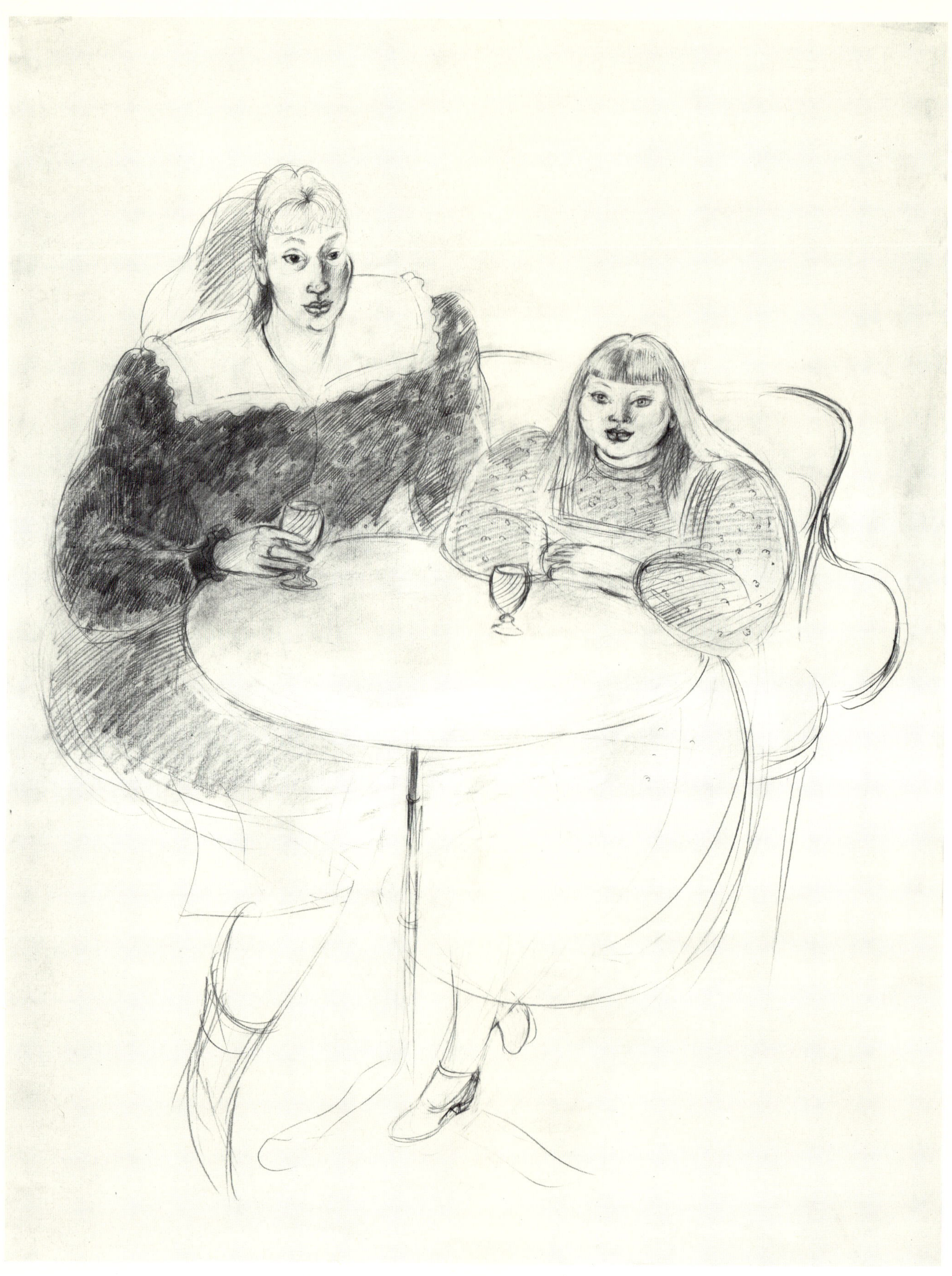

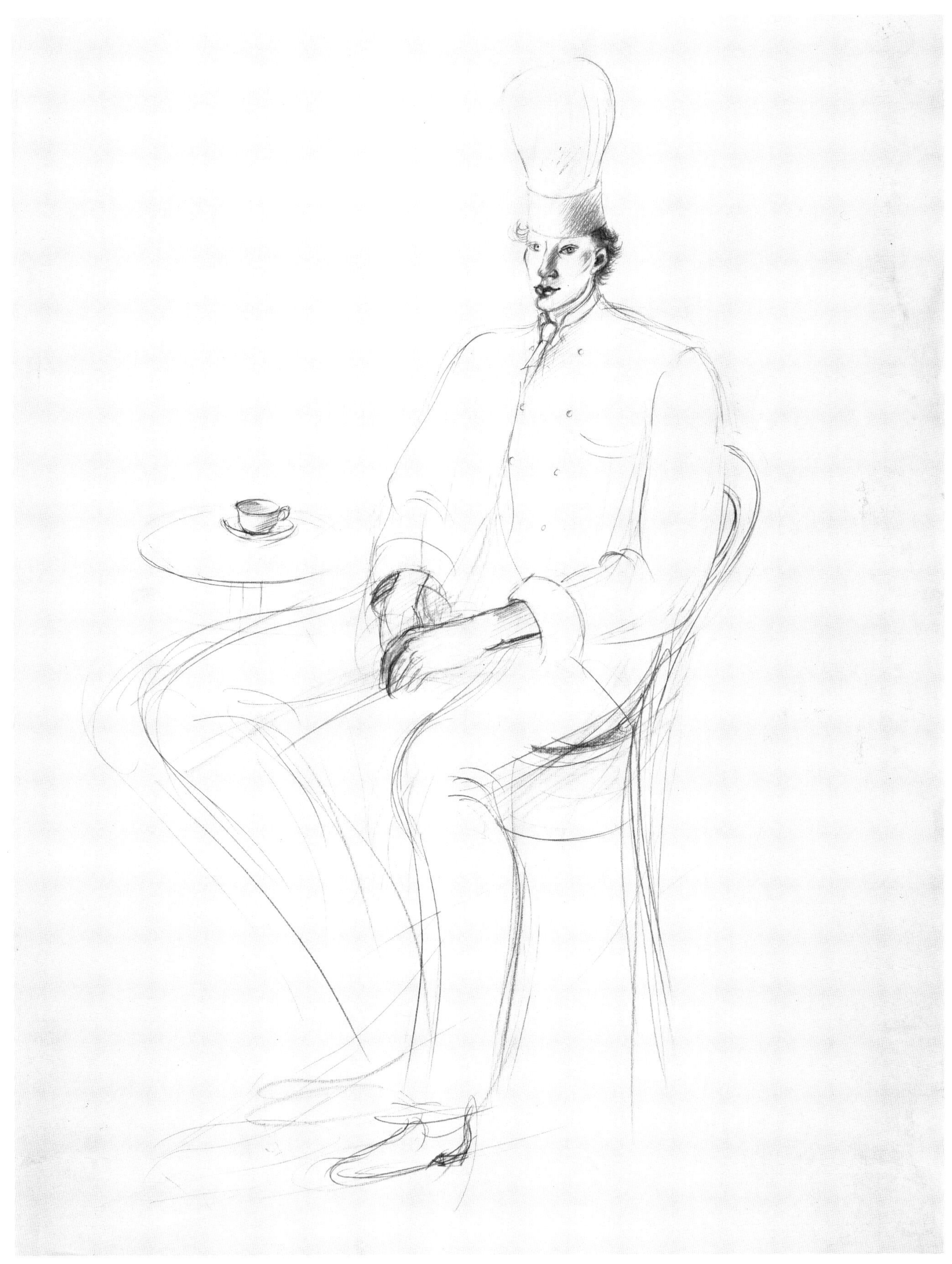

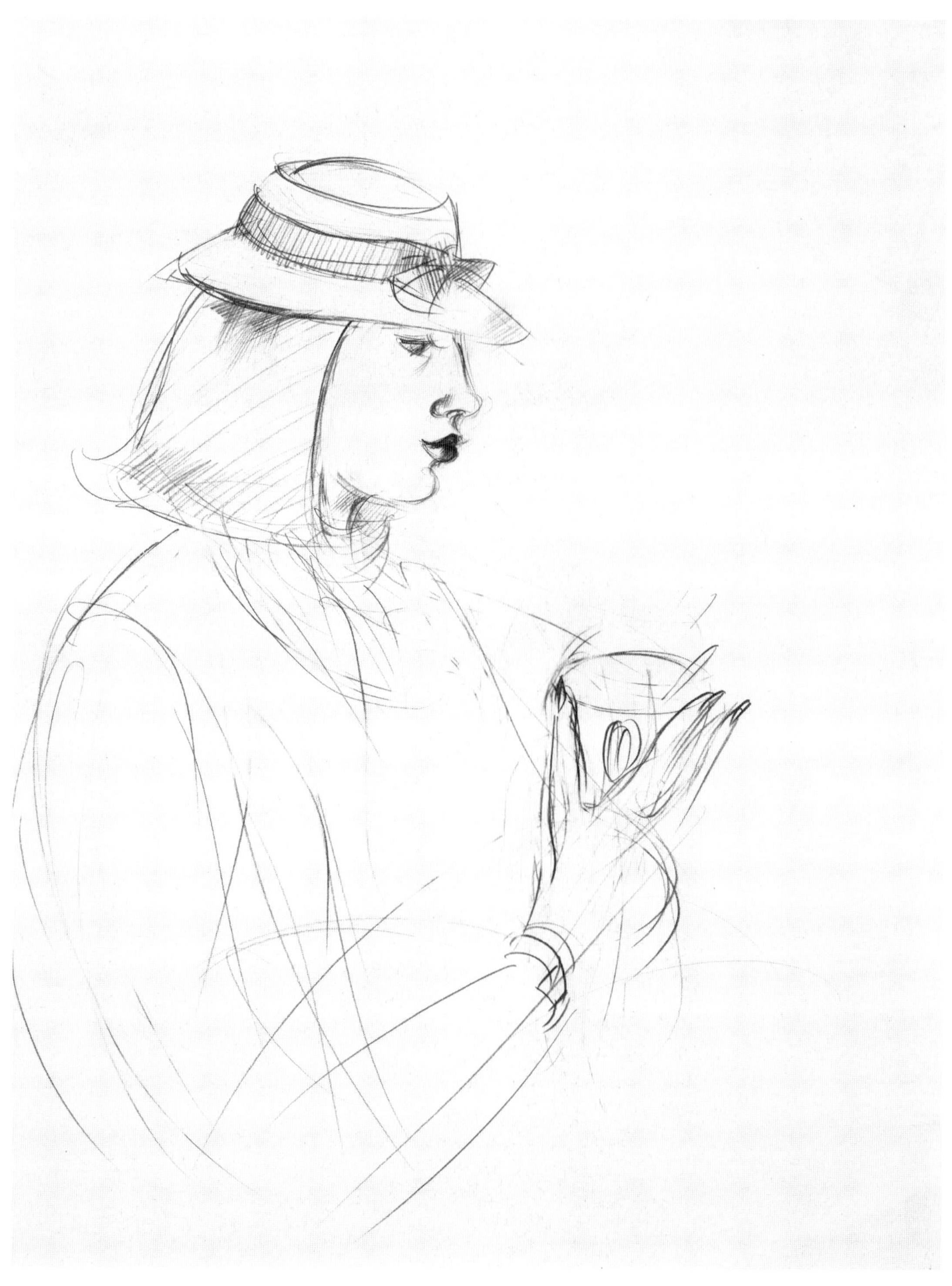

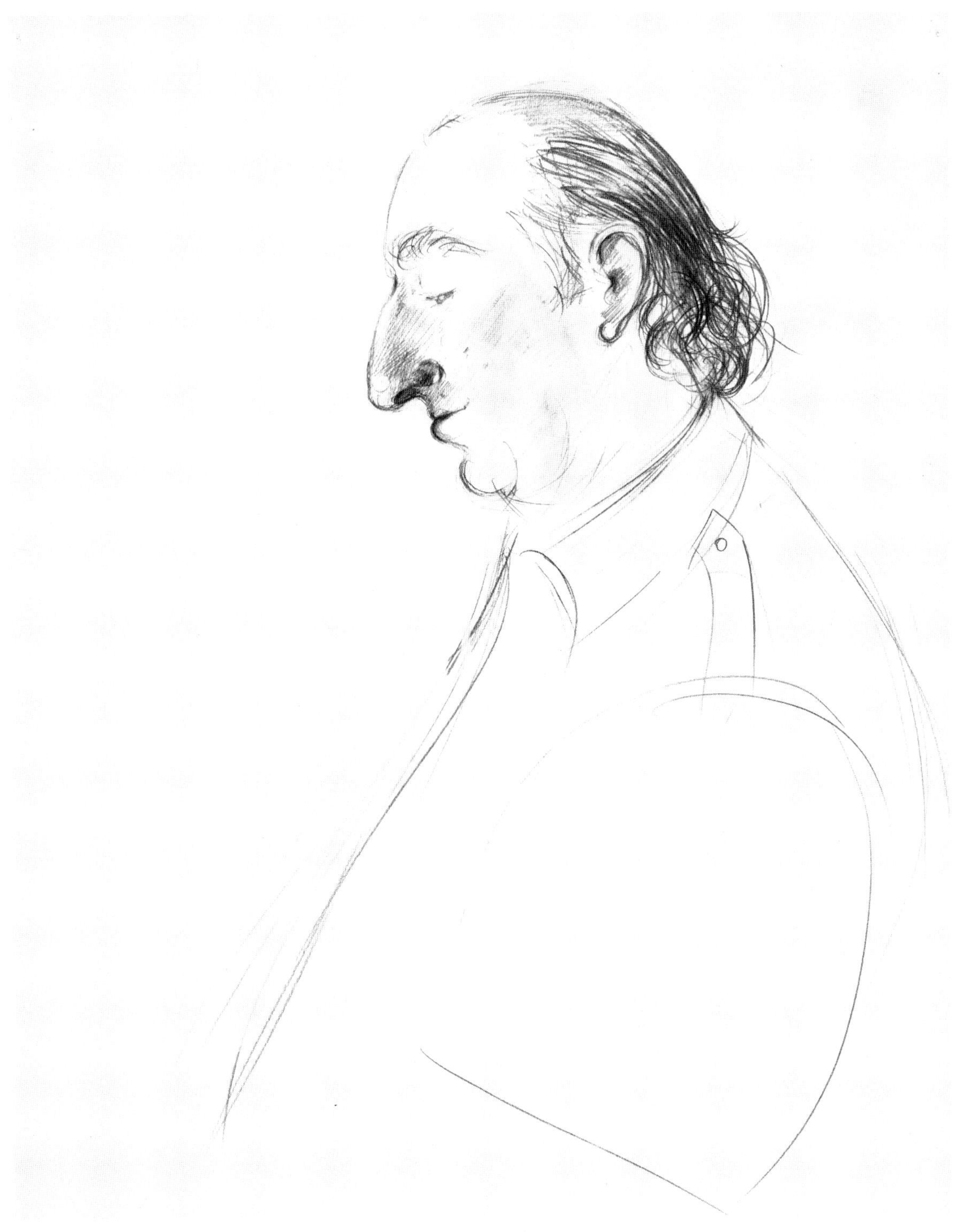

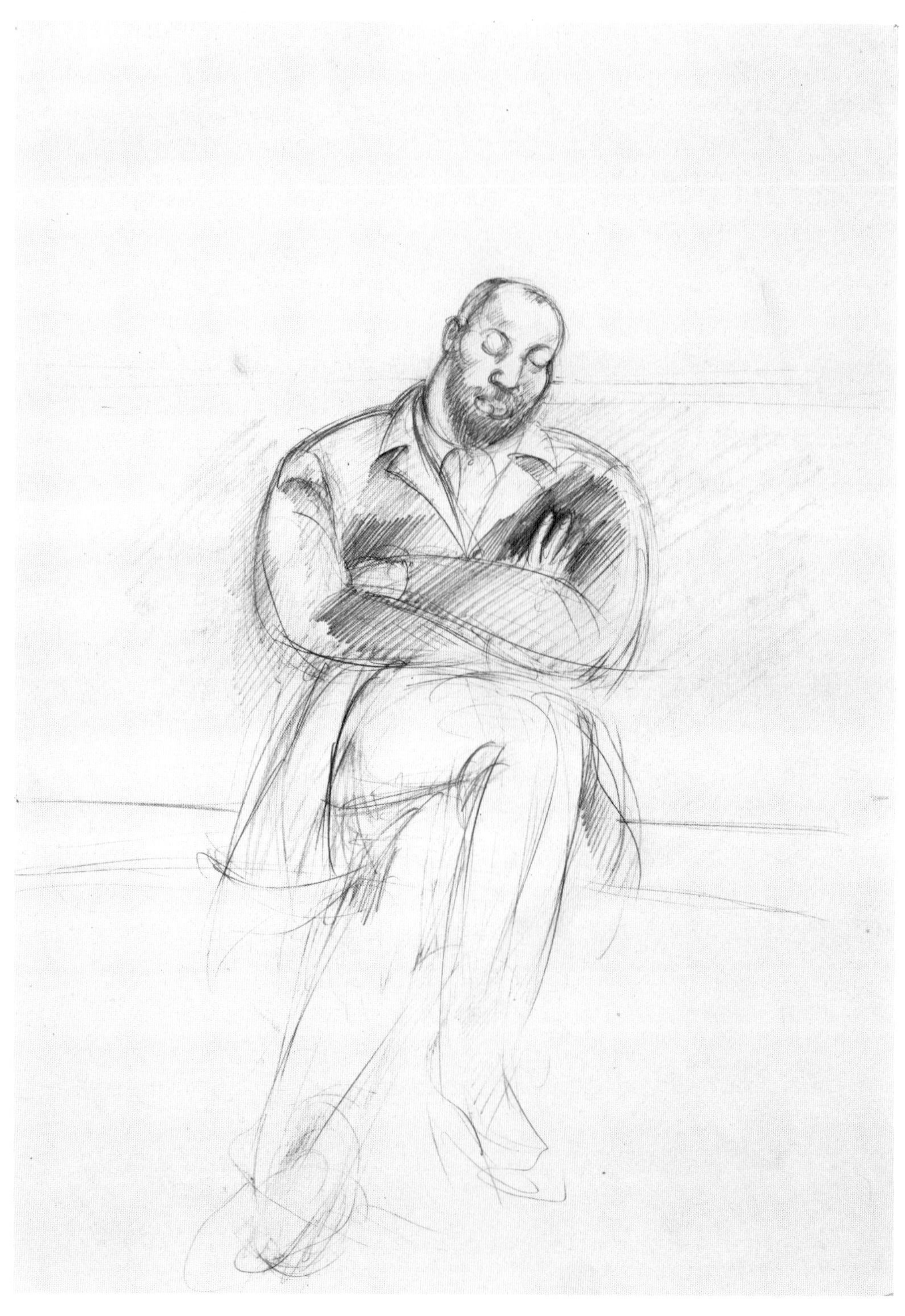

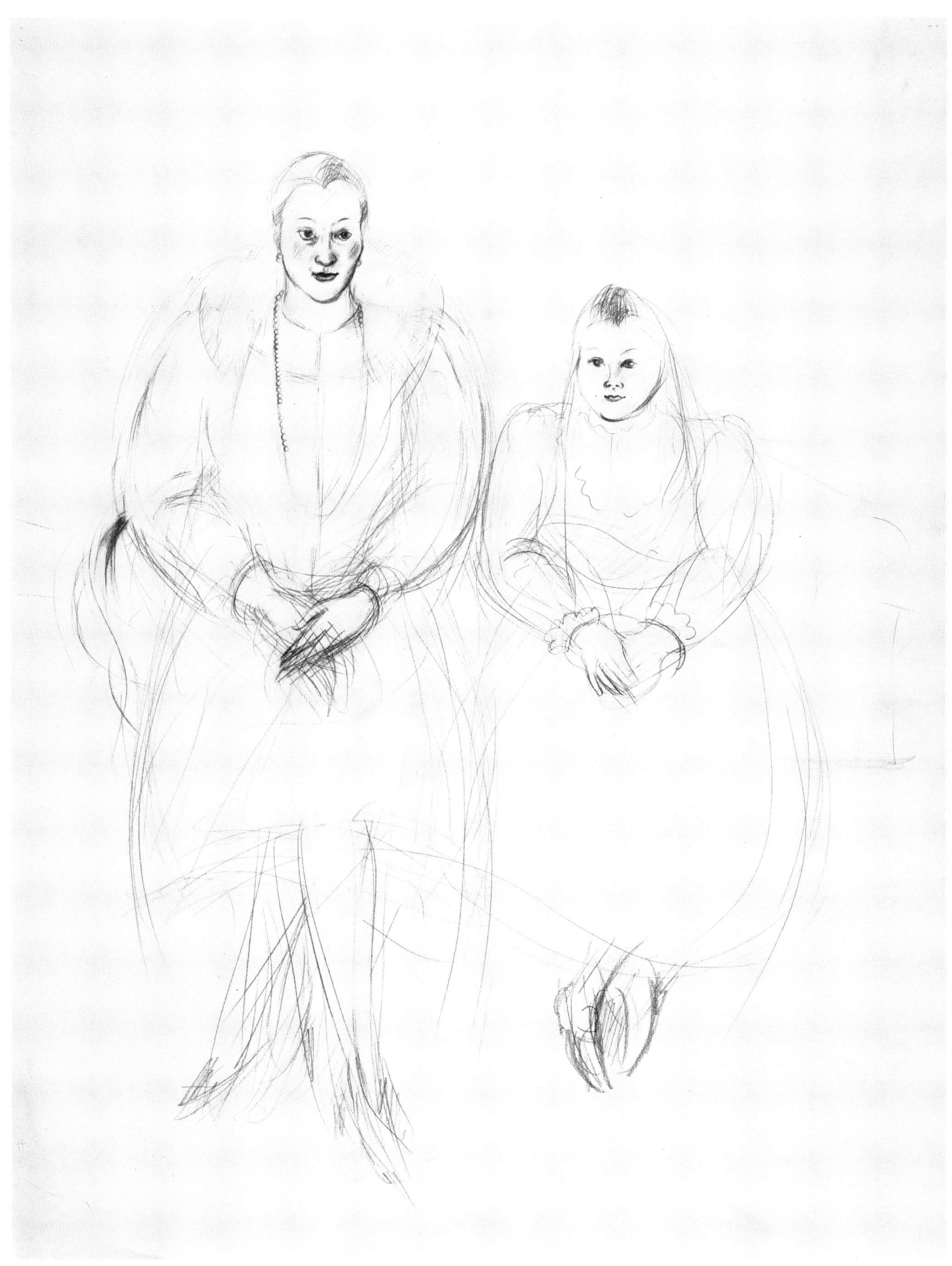

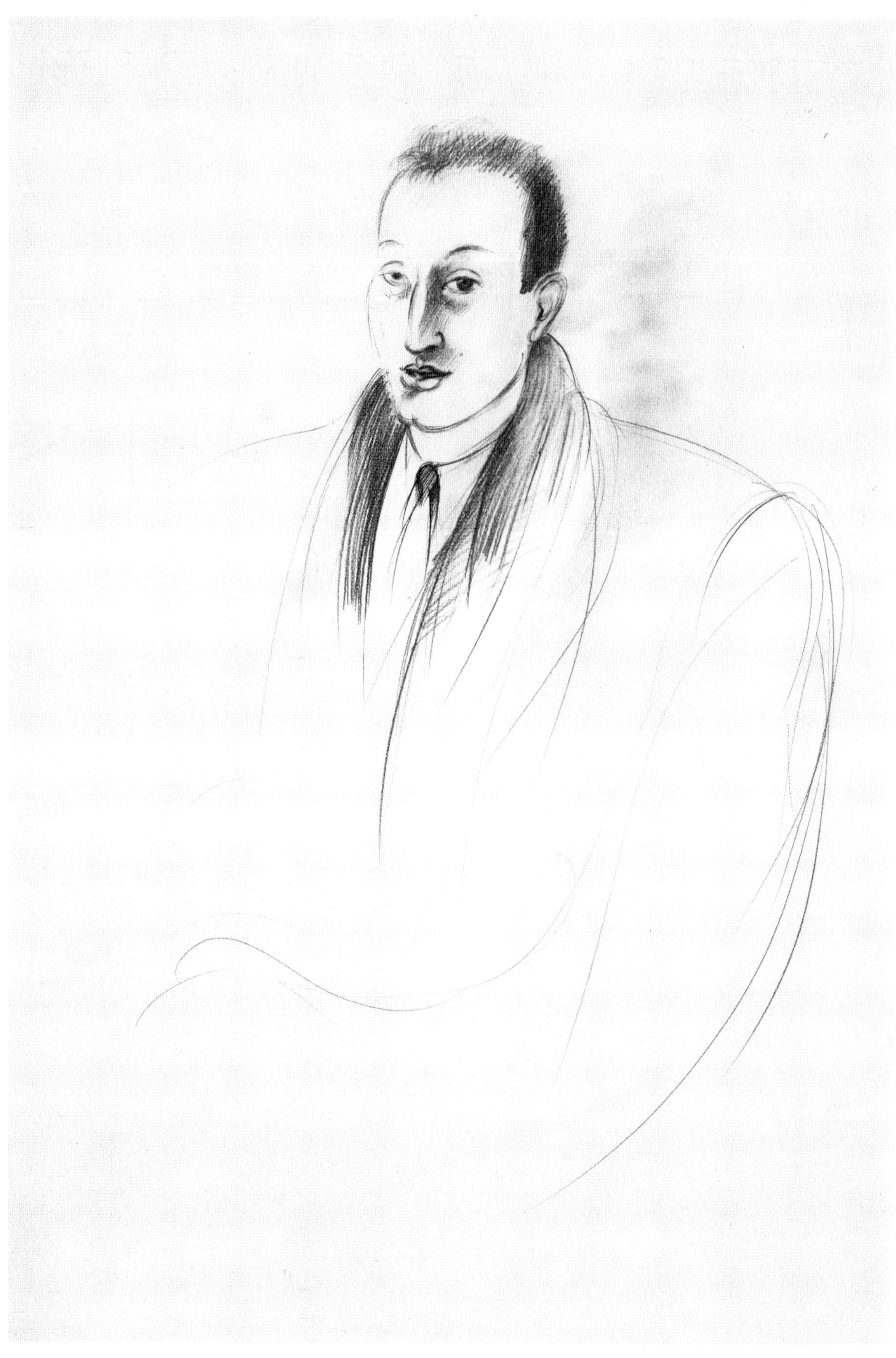

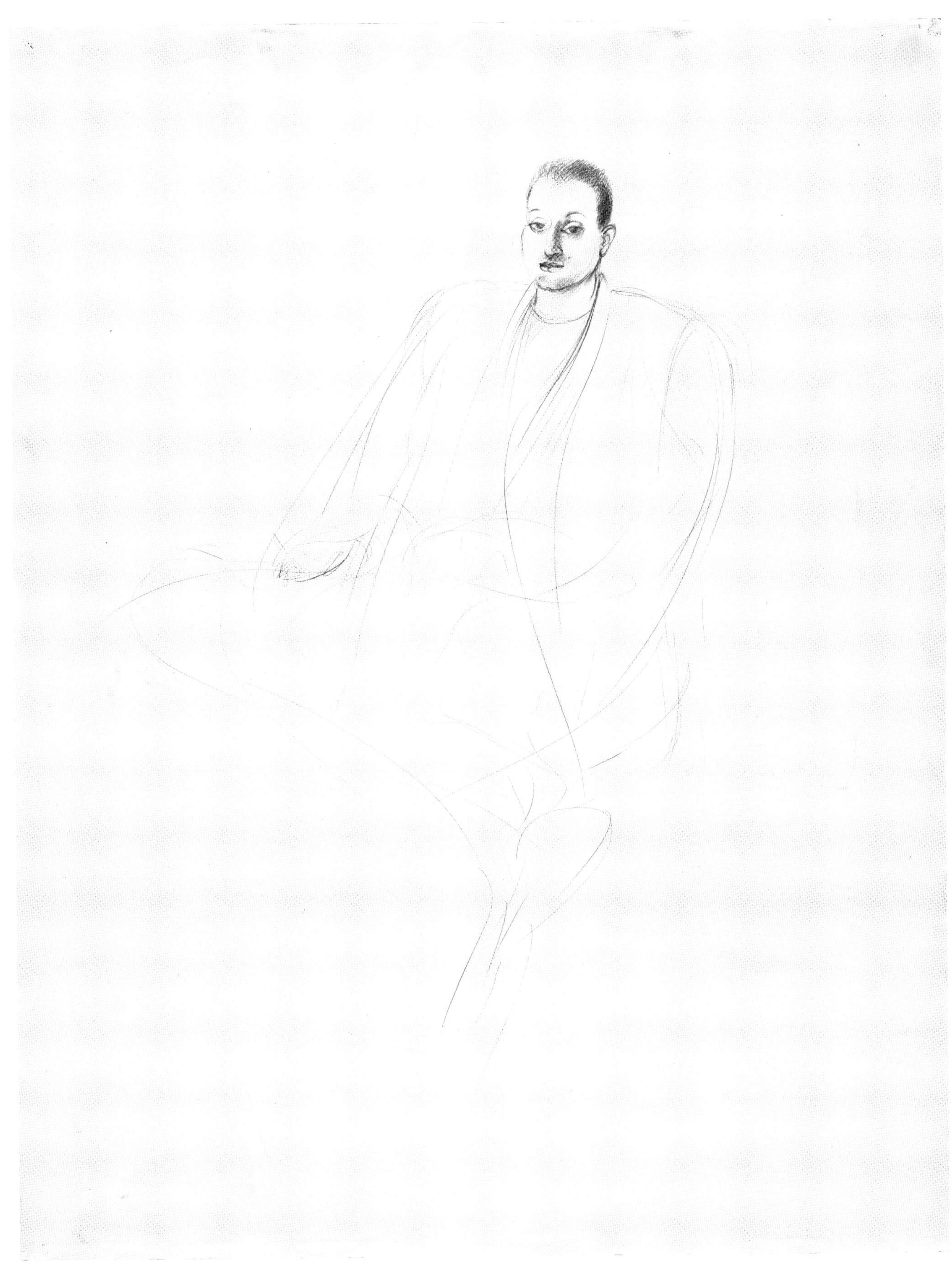

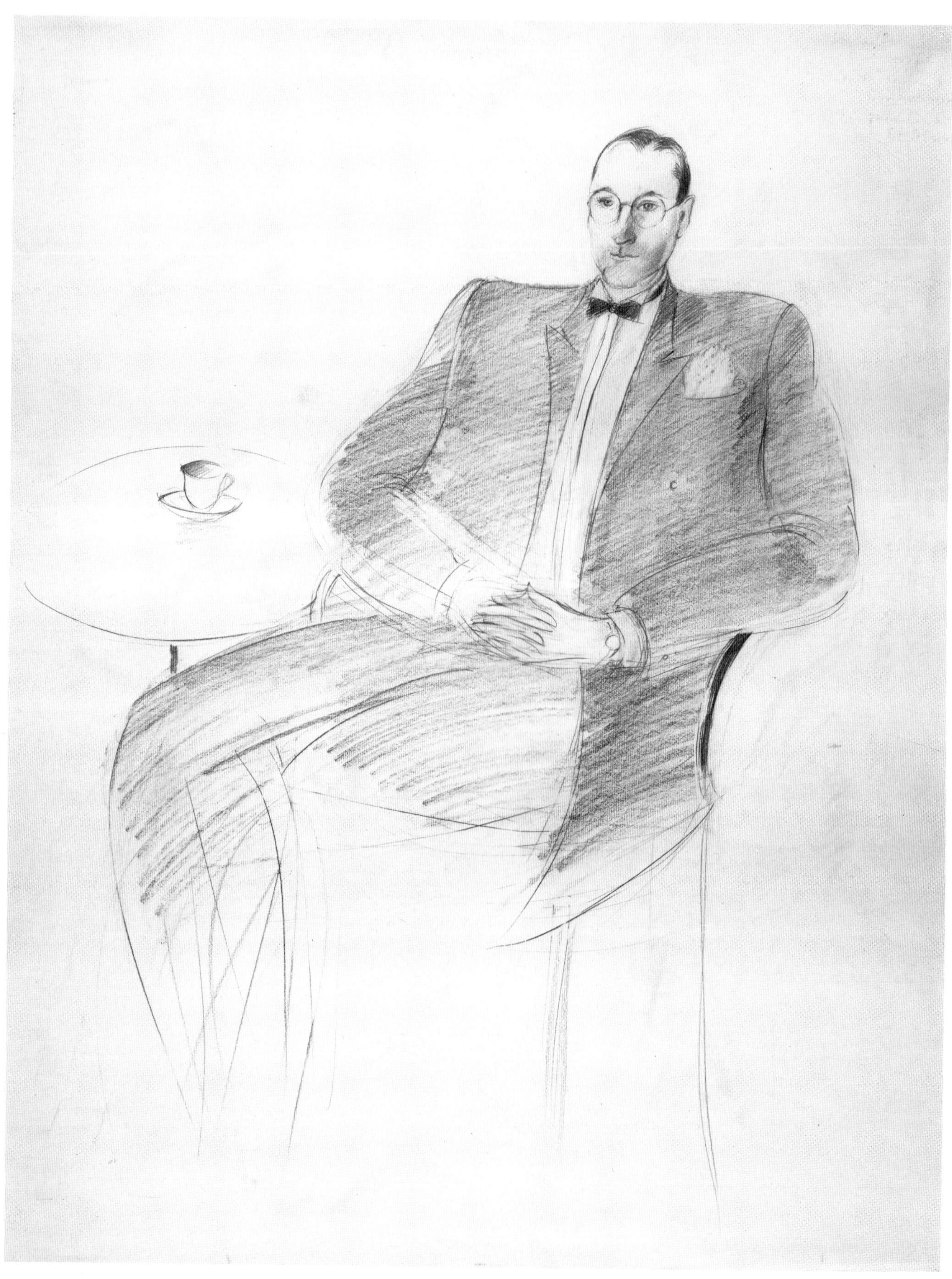

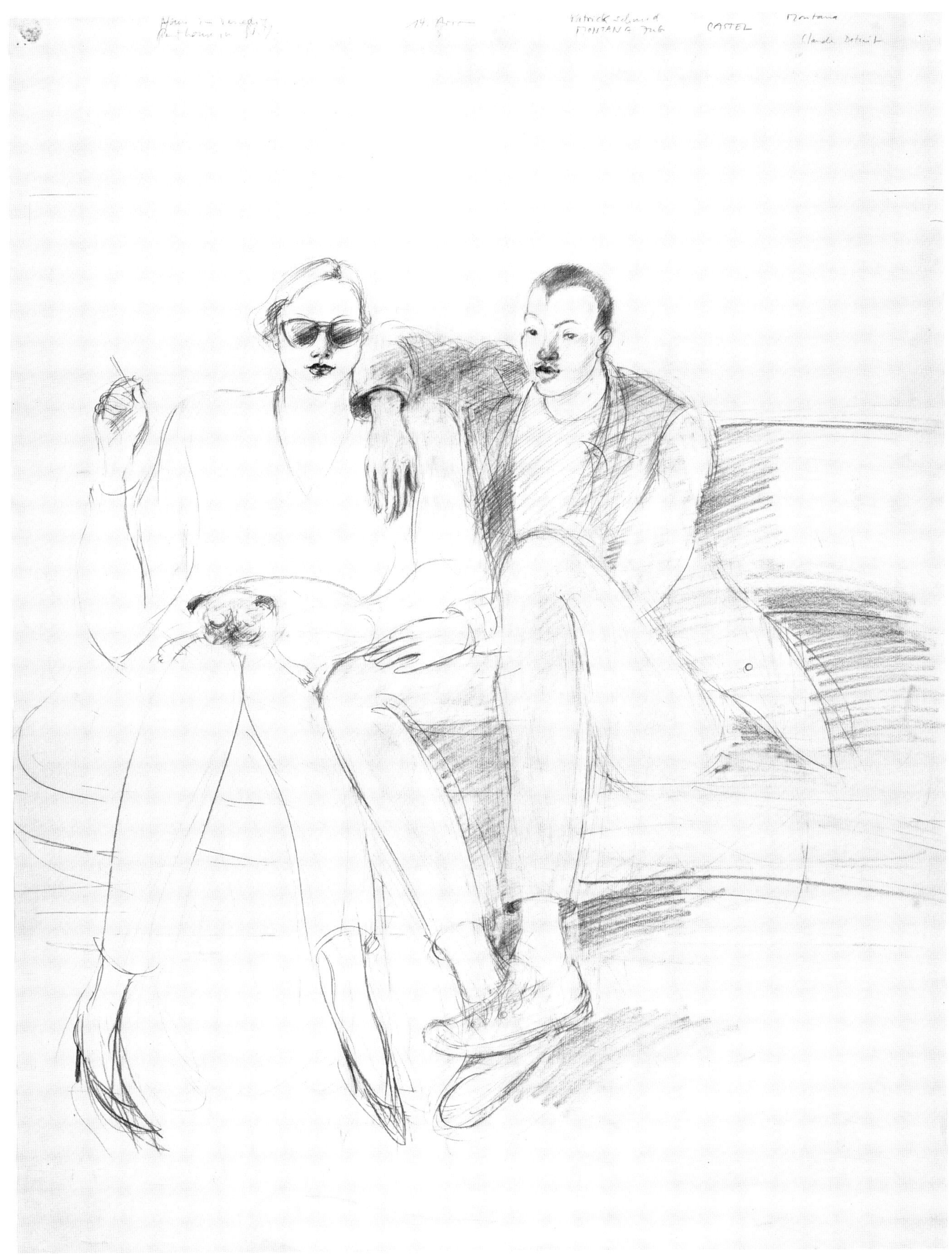

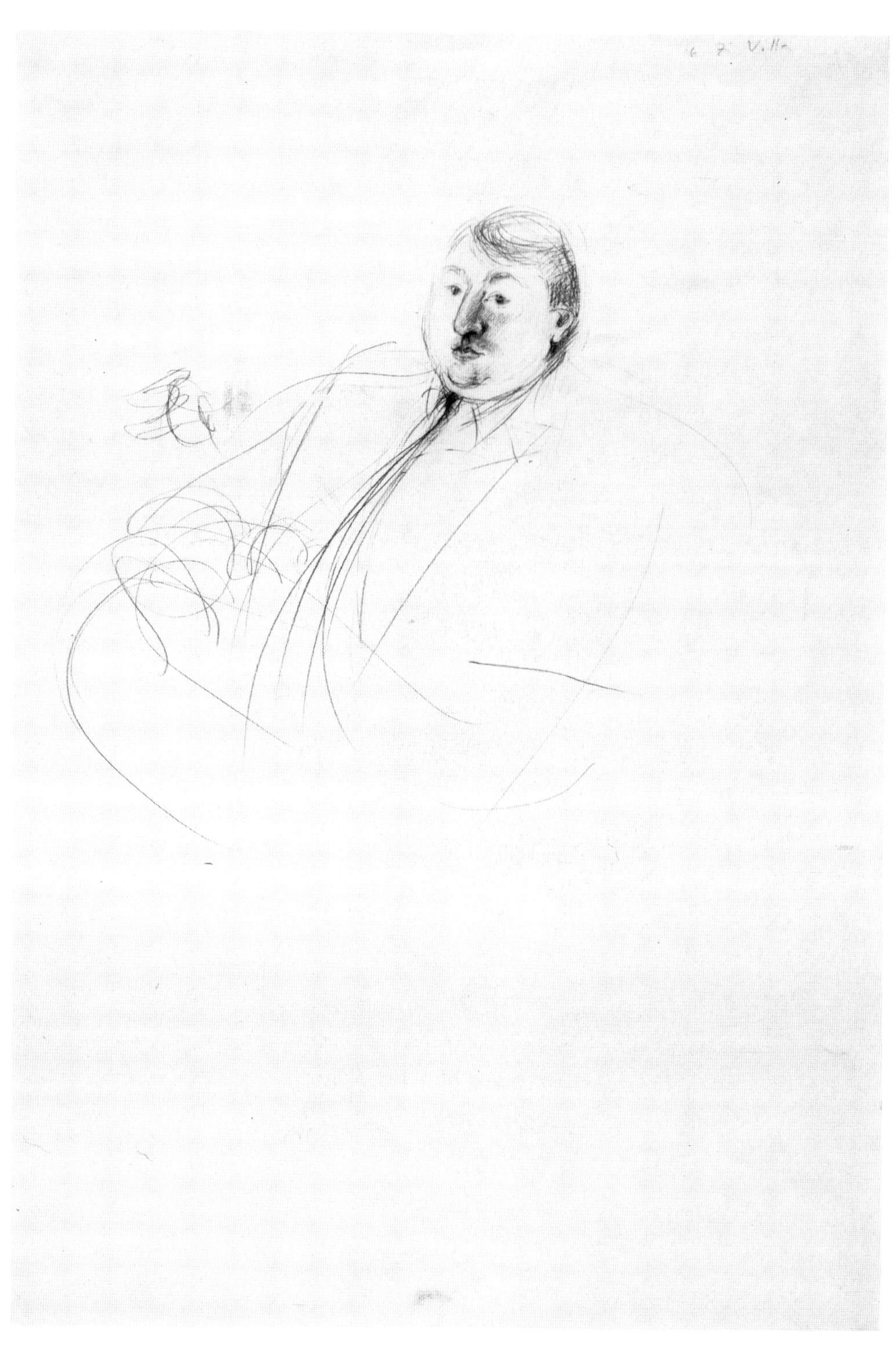

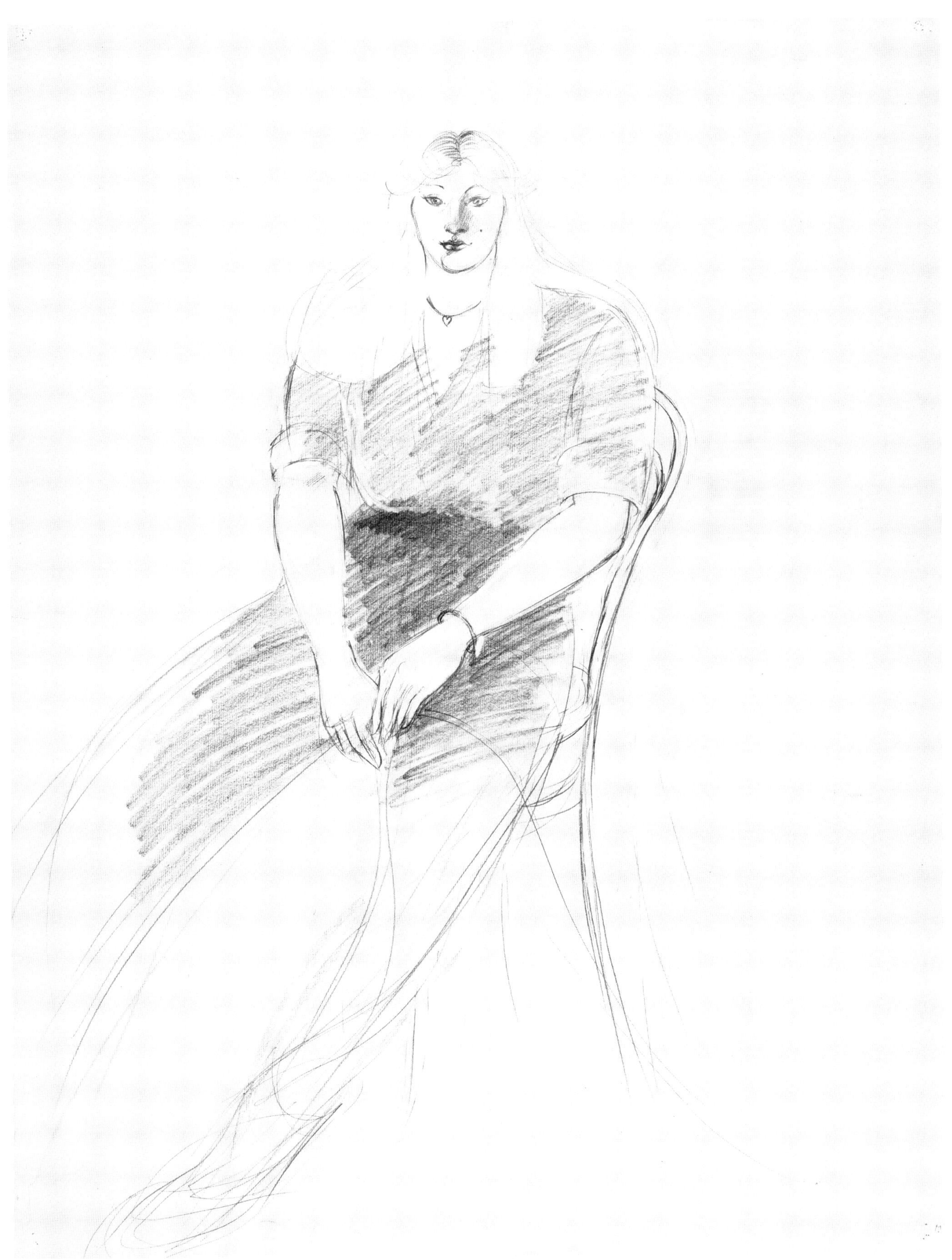

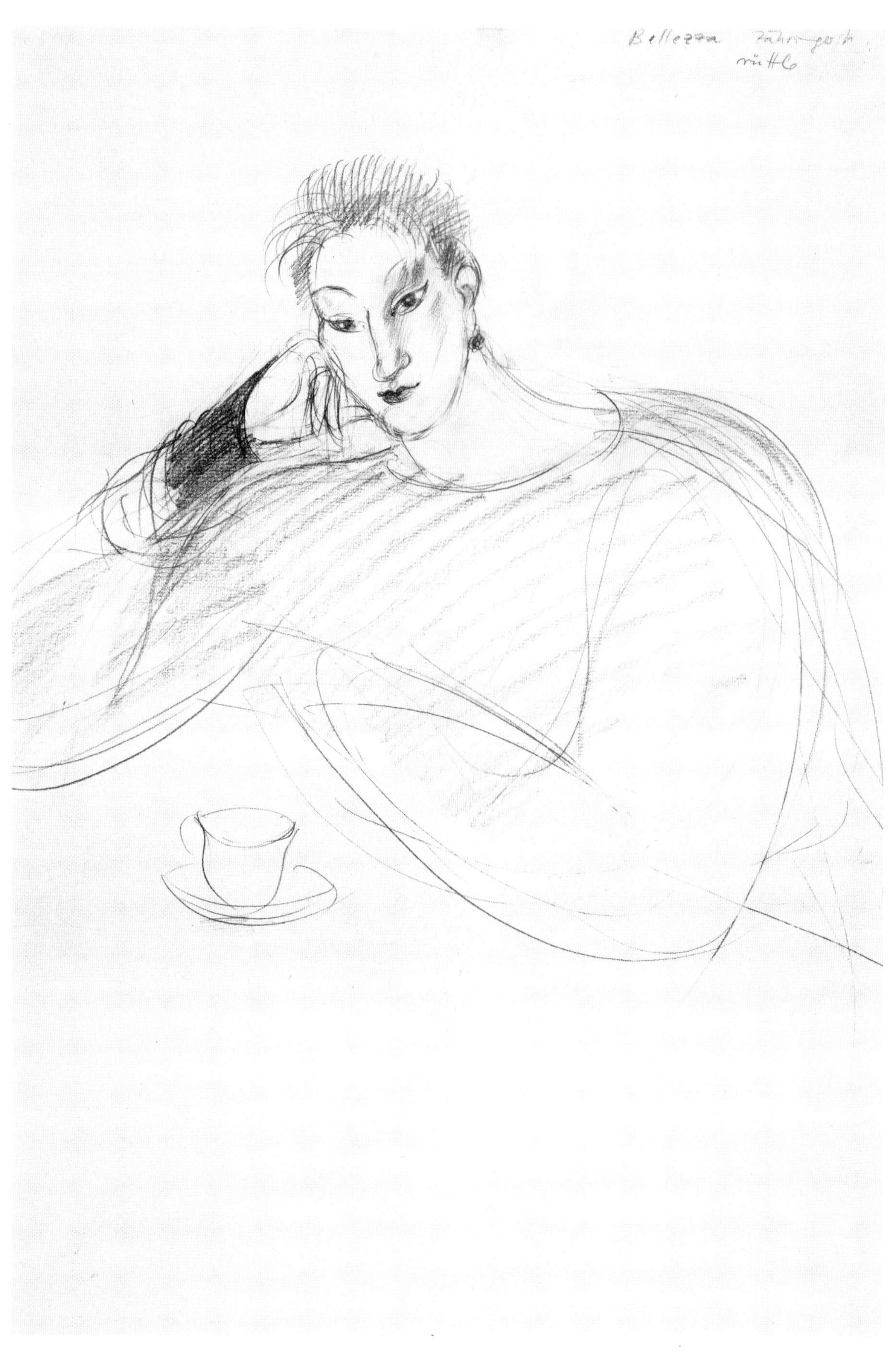

74

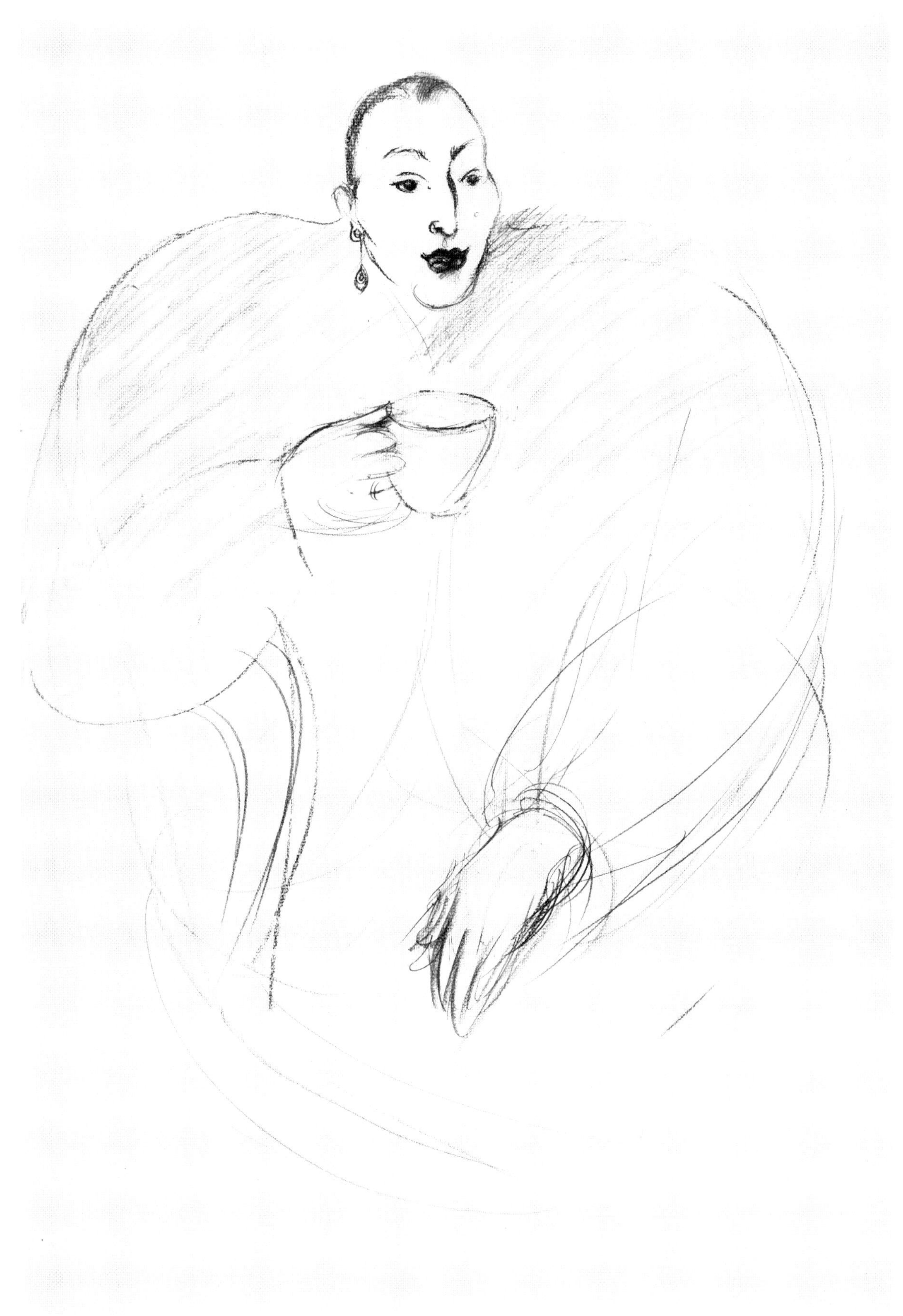

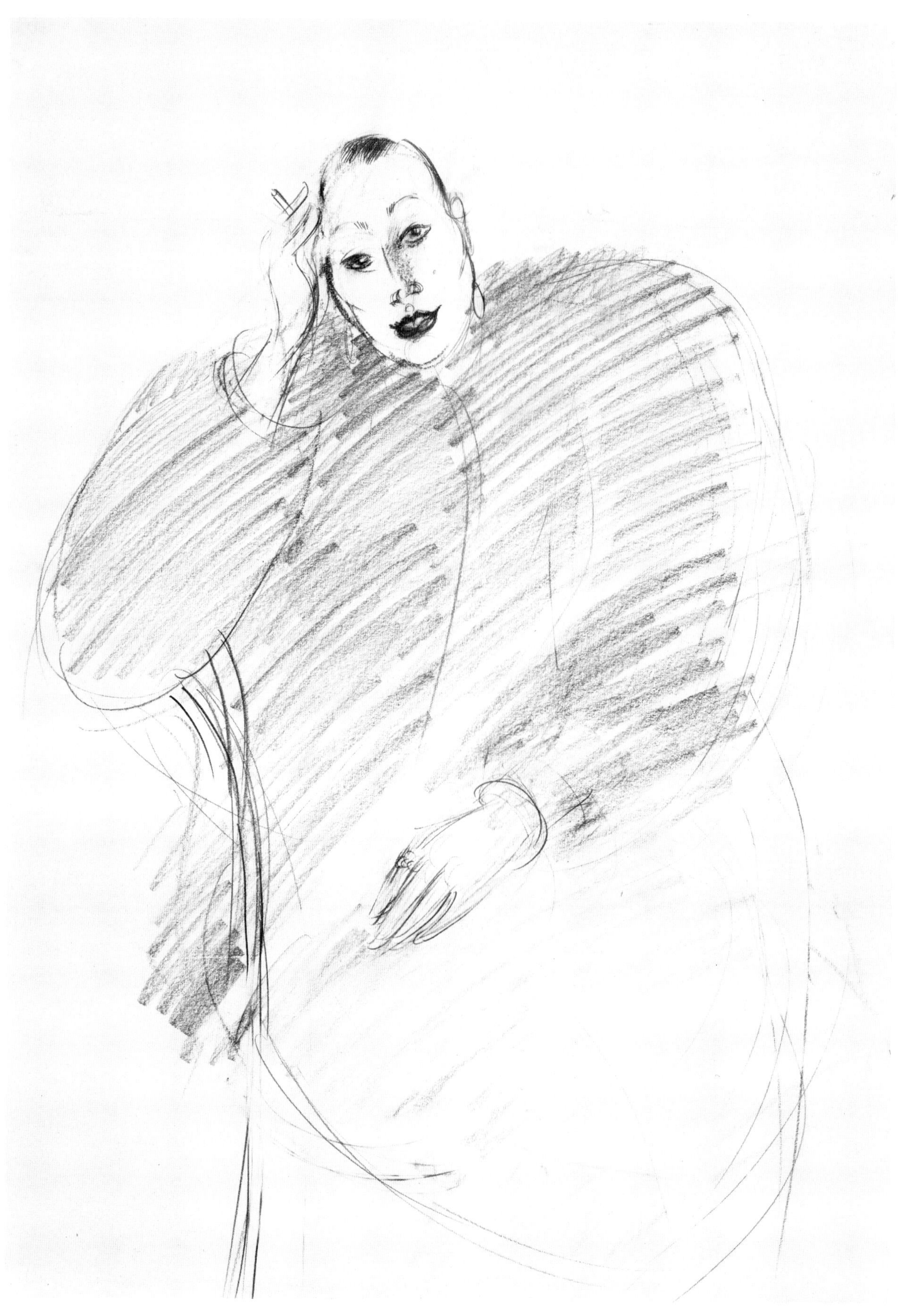

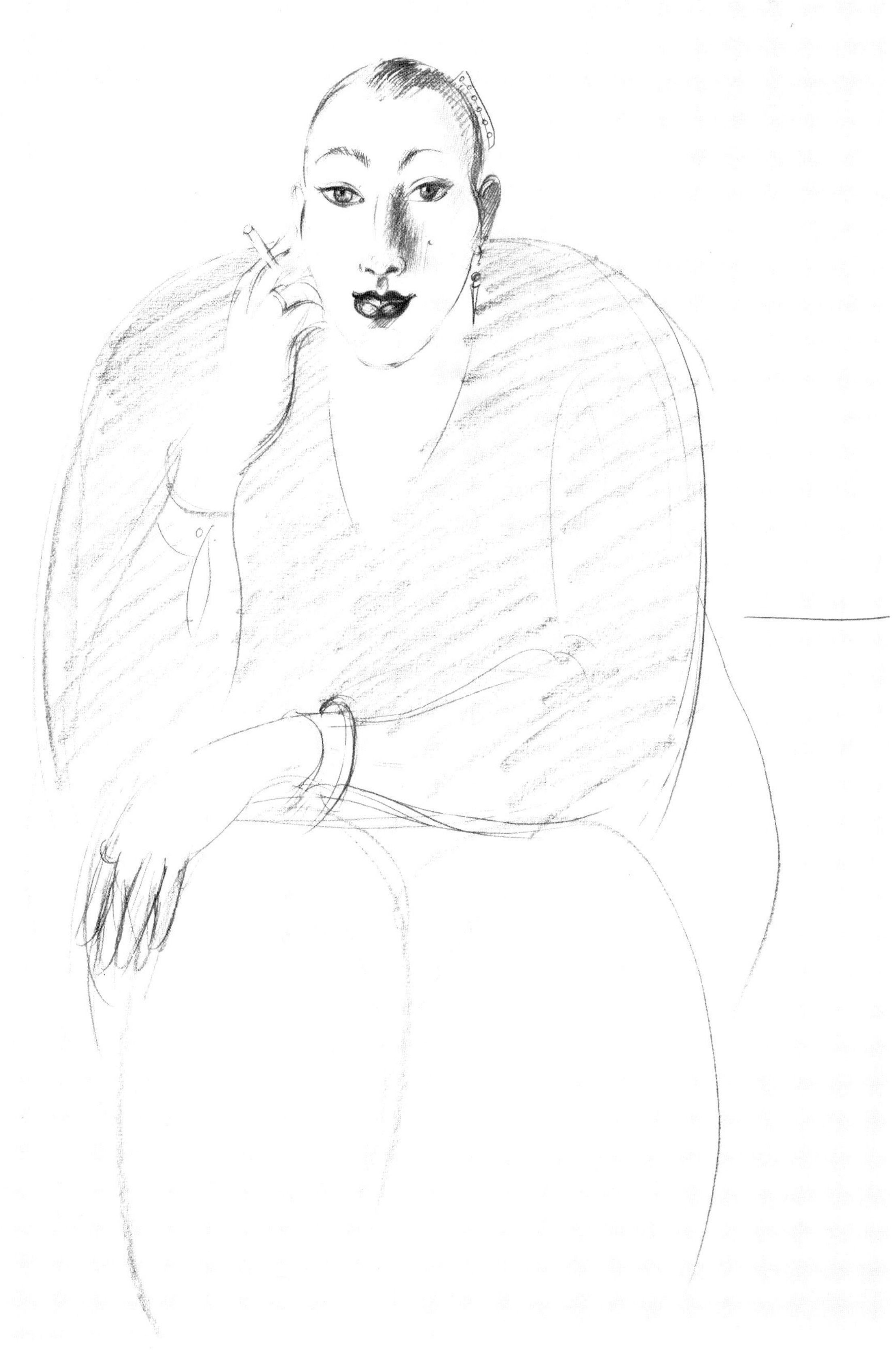

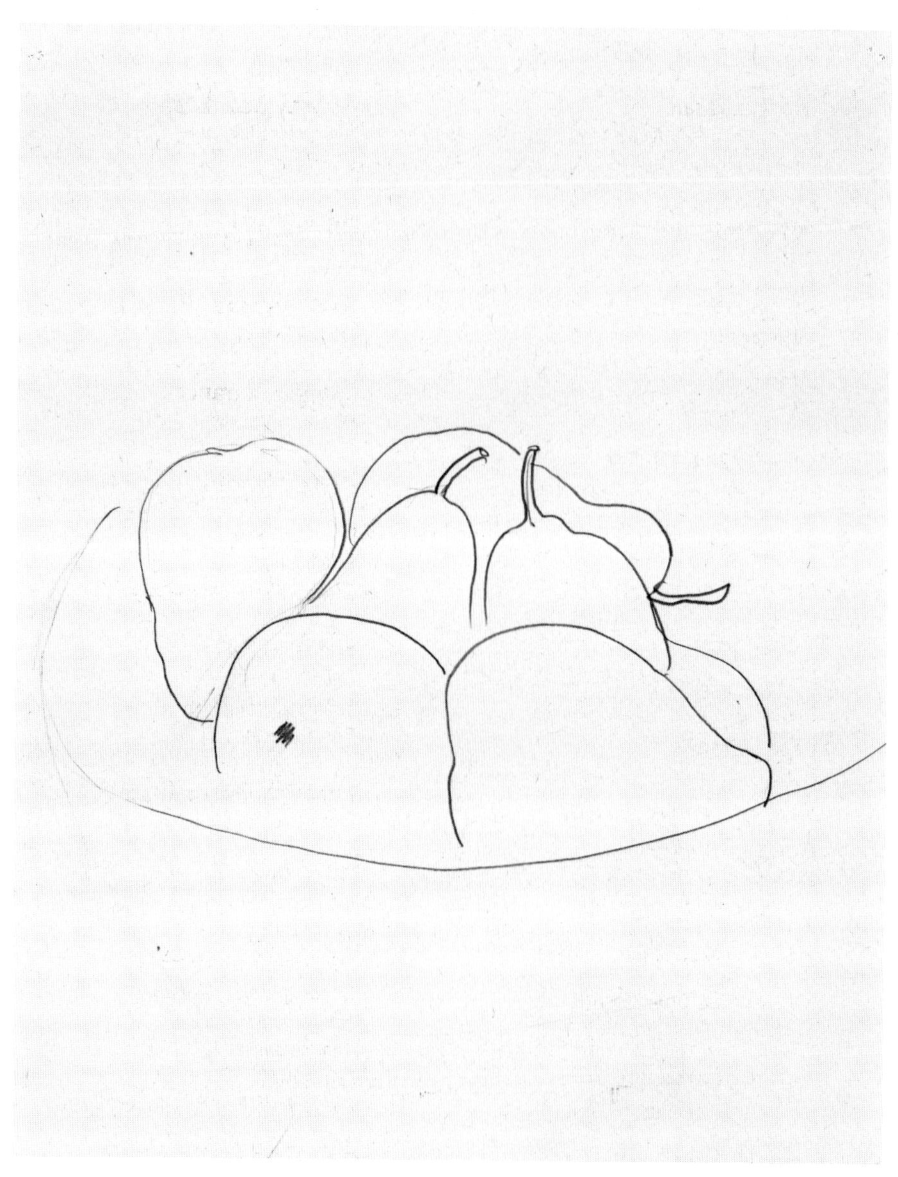

Kunst
im Diogenes Verlag

Giorgio Vasari
*Lebensbeschreibungen der ausgezeichnetsten
Künstler der Renaissance*

Francisco Goya
Caprichos
Desastres de la Guerra

Ludwig Richter
Die Jahreszeiten

Grandville
Eine andere Welt

Honoré Daumier
Mesdames
Messieurs

Wilhelm Busch
Max und Moritz
Die fromme Helene
Tobias Knopp
Hans Huckebein/Fipps der Affe/Plisch und Plum
Balduin Bählamm/Maler Klecksel

Paul Cézanne
Briefe
Gespräche

Auguste Rodin
Die Kunst

Jean Renoir
Mein Vater Auguste Renoir

José Guadalupe Posada
Querschnitt durch das Werk

Vincent van Gogh
Briefe

Félix Vallotton
Holzschnitte und Gemälde

Ambroise Vollard
Erinnerungen eines Kunsthändlers

Henri Matisse
Über Kunst
Der Zeichner

Aubrey Beardsley
Die besten Zeichnungen
Lysistrate

Alfred Kubin
Ein Totentanz

Pablo Picasso
Der Zeichner I–III

Giorgio Morandi
Querschnitt durch das Werk

René Magritte
Querschnitt durch das Werk

Hildi Hess
Skulpturen und Zeichnungen

Federico Fellini
Fellini's Filme
Fellini's Zeichnungen
Fellini's Faces

Friedrich Dürrenmatt
Bilder und Zeichnungen

Paul Flora
Nocturnos
Vergebliche Worte
Der blasse Busenfreund
Der bürgerliche Wüstling
Hungerburger Elegien
Königsdramen
Penthouse
Die verwurzelten Tiroler und ihre bösen Feinde

Edward Gorey
*Die wahnsinnigen Werke des Edward Gorey
in 33 Bänden*

Maurice Sendak
Higgelti Piggelti Pop!
In der Nachtküche
Märchen der Brüder Grimm